왜

세계의 절반은 굶주리는가?

왜 세계의 절반은 굶주리는가?

유엔 식량특별조사관이 아들에게 들려주는 기아의 진실

장 지글러 지음 │ 유영미 옮김

갈라파고스

_____ 일러두기

이 책은 1999년 프랑스에서 처음 출간된 후 저자에 의해 2000년 독일에서 독일어로 증보 출간되었다. 한국어판 텍스트는 2000년 독일에서 출간된 WIE KOMMT DER HUNGER IN DIE WELT? 를 사용하였음을 밝혀둔다.

1996년 4월 29일 세상을 떠난

레바논의 혁명가이자 다카르의 지(知)의 창조자

알리 메루에게 바친다

이 책에 나오는 나라들

세르비아(15)

부르키나파소
(24, 25, 26, 27)

이집트(7,1

세네갈(21, 23)

사헬지방(1

기니(17)

시에라리온(14)

라이베리아(15)

브라질
(3, 8,19, 22)

앙골라(14)

칠레(16)

콩고민주공화국(14

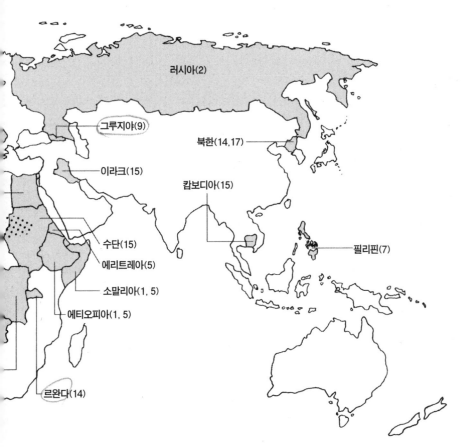

러시아(2)

그루지아(9)

북한(14,17)

이라크(15)

캄보디아(15)

수단(15)

에리트레아(5)

필리핀(7)

소말리아(1, 5)

에티오피아(1, 5)

르완다(14)

( )안의 숫자는 본문 장

기아에 관한 어느 국제 전문가의 비망록

우석훈(성공회대 외래교수)

학자이며 활동가이며 전문가인 한 사나이의 시선

학자라는 이름은 직업이 아니다. '공부' 혹은 '학문'과 관련된 특별한 일을 하는 사람을 학자라고 부르는데, 이 말에는 다른 직업과 달리 상당히 높은 도덕성과 규율 혹은 용기 같은 것을 요구하게 된다. 비겁한 일을 했을 때 "당신도 학자인가?"라는 말은 욕이 되고, 시대가 어두울 때 자신의 행복만 추구했을 때도 "학자라는 사람이……"라는 말이 따라붙는다. 조금 복잡하게 표현하면 '인텔리겐치아'에서 '행동하는 지성'과 같은 멋진 수사에 이르기까지 학자들에 대해서 표현하는 말은 다양한데, 어쨌든 단순하게 월급 받고 시키는 대로 일하는 일반 직업과는 다른 특별한 어감을 지닌다. 이 책을 지은 장 지글러는 스위스에서 연구하는 교수이다. 그래서 그는 학자이다.

　　동시에 그는 유엔기구에서 아동 구호와 식량문제에 관련된 일을 처리하고 대책을 세우고 현장에 직접 파견되어 상황에 맞는 의사결정을 내리는 활동가이다. 활동가라는 단어가 우리나라에서는 익숙하지 않지만, 그는 유엔이라는 일종의 국제정부에 해당하는 조직에서 일하는 활동가라고 할 수 있다. 왜냐하면 그가 그곳에서 많은 돈을 받고 일을 하는 것이 아니라 자문관이라는 일종의 민간 지원단의 신분으로 활동하기 때문이다. 하긴, 기아와 관련된 일을 현장에서 자신의 천명으로 알고 활동하는 사람에게 소속이 어디인가가 뭐 그렇게 중요하겠는가? 그는 굶주림에 시달리는 곳이면 어디든 뛰어가서 그곳 어린이들이 최소한의 영양상태라도 유지할 수 있도록 하기 위해 제한된 예산과 부족한 지원분으로 문제를 해결하려 드는 사람이다. 그래서 그는 학자이며 동시에 활동가이다.

학자이며 활동가인 사람은 우리 주위에서 적잖게 볼 수 있다. 시민단체에서 활동하는 많은 교수들은 대부분 이러한 정의에 해당한다. 그러나 지글러의 이 책이 우리에게 시사하는 중요한 메시지가 그가 교수이고 유엔기구의 고위인사라는 데서 비롯된 것은 아니다. 그런 활동과정에서 그 스스로 알게 되고, 보게 된 것들을 일종의 국제적 어린이 기아 문제에 대한 전문가로서 다시 한 번 분류하고 해석하고 있기 때문에 이 책은 탁월한 것이다. 그리 많지 않은 어린이 기아 관련 저술 중에서 내가 아는 한 이 책은 가장 고급의 정보를 담고 있고, 몇 가지 점에서는 전세계에서 가장 높은 수준의 전문성을 확보한 책이다. 아들과의 대화 형식을 취하고 있는 이 책은 현재 기아의 현장에서 어떤 사람들이 부당하게 이득을 보고 있고, 그런 이득들이 어떻게 재생산되며 더욱더 많은 어린이들을 굶주림으로 내몰고 있는가를 상세하게 알려준다.

감히 내가 말할 수 있는 것은 우리나라에는 지글러 교수가 이 짧은 책에서 말했던 몇 가지 사례와 그것을 둘러싼 구조에 대해서는 아는 사람이 없다는 점이다. 정치적 논란의 여지가 될 북한의 기아문제가 아니더라도 칠레에서 벌어진 일과 네슬레의 관계, 부르키나파소에서 드러난 젊은 혁명가들의 애환, 그리고 국제식량기구의 정책 방향이 결정되는 과정과 같은 얘기들은 우리나라의 전문가들이 이해할 수 있는 수준을 훨씬 뛰어넘는다. 사실 지글러만큼 고급정보를 접하면서도 현장에서 상황을 이해한 사람이 우리나라에는 없기 때문이다.

물론 우리나라에도 학자이며 지식인이며 또한 전문가인 사람들은 다수 있다. 그러나 아프리카 한가운데나 중남미의 현장에서 상황을 목격하고 분석하고 이것을 전체적인 흐름에서 다시 정리한 사람은 없다. 게다가 기아문제에 대해서는 우리나라는 거의 초보적 수준이다. 많은 어린이들이 굶주리고 있지만 별다른 대책이 없다는 정도의 사실이 우리가 알고 있는 거의 전부라고 할 수 있다.

나는 이 책의 모든 내용을 간추릴 능력도 또 그럴 필요도 없어 보인다. 다만 이 책을 먼저 읽은 사람으로서 이 책이 아니었다면 미처 알지 못했을 점들에 대해 그 맥락을 조금

상세하게 소개하고 싶다.

아옌데의 비극

아옌데 사건은 현대 중남미 역사에서 빼놓을 수 없는 일이고, 아직 종료되지 않고 현재도 진행중인 일련의 흐름 속에서, 말하자면 토막 중의 가운데 토막이라고 할 수 있는 사건이다. 사건만을 놓고 보면 칠레에서 투표로 선출된 대통령이 대통령궁에서 자국 군인들에게 사살된 사건이다. 우리 식으로 표현하면 청와대에 군인이 쳐들어가 대통령을 지키던 또 다른 군인들을 사살하고, 권총으로 저항하던 경호원과 대통령을 사살한 사건이라고 할 수 있다. 물론 이렇게 얘기하면 아주 가난한 나라에서 벌어진 이상한 사건이라고 생각할지 모르지만, 당시에 칠레는 우리나라보다 잘살았고 국제적인 위상도 훨씬 높았던, 적어도 우리나라보다는 선진국이었다.

　　그런데 이 사건을 보통은 중남미 민중정부에 대한 군부의 대응이라 표현하기도 하고, 미국의 좋은 대학에서 교육받은 토호들의 2세인 이른바 '시카고 보이'들이 군인들과 결탁하여 민중정부를 붕괴시킨 사건이라고 표현한다. 지금 베네수엘라에서 경제개혁을 추진하고 있는 차베스에게 사람들이 종종 하는 말이 "당신은 아옌데처럼 당하면 안 된다"라는 것이라고 한다. 어쨌건 바로 그 사건이다.

　　사건 자체로만 놓고 보면 특별히 지글러가 우리보다

더 많이 아는 것 같지는 않다. 그러나 이 사건을 지글러는 아옌데가 민중의 전폭적인 지지를 받으면서 대통령이 되었을 때 내건 공약 중 하나에서 문제의 발단을 해석하기 시작한다. 1970년 칠레의 인민전선은 101가지 행동강령을 발표하는데, 그 첫 번째가 바로 15세 이하의 모든 어린이에게 하루 0.5리터의 분유를 무상으로 제공한다는 것이었다. 이 공약을 보통은 '포퓰리즘'이라고 치부하지만, 당시 칠레가 처한 높은 유아사망률과 어린이 영양실조라는 문제를 놓고 본다면 어쩌면 절체절명의 과제였다고 할 수 있다. 이 공약을 내건 아옌데는 대통령에 당선되었는데, 이 문제에 가장 곤란함을 느꼈던 것이 스위스의 다국적기업인 네슬레였다는 점은 우리에게 잘 알려지지 않은 일이다. 커피와 우유를 주품목으로 하는 네슬레에게 칠레 정부가 분유를 무상으로 공급한다는 것 자체도 문제지만, 칠레에서의 성공사례가 다른 중남미 국가들로 번져갈 경우에는 더욱 큰 골칫거리가 되었을 것이다. 소아과 의사 출신인 아옌데가 내건 이 공약이 벽에 부딪힌 것은 칠레의 농장을 장악한 네슬레가 1971년 협력거부 방침을 결정하면서부터이다. 아옌데 정부는 네슬레에게 우유 구매를 요구하였으나, 이 요구는 거부당했다. 이때부터 아옌데 정부는 키신저를 비롯한 미국 정부와 네슬레를 축으로 하는 다국적기업에 의해서 고립되고, 결국 CIA와 결탁한 군인들이 대통령궁을 습격하게 된다. 그리고 아무 일도 없었던 듯이 칠레의 어린이들은 다시 영양실조와 배고픔에 시달리게 된다.

　　지글러의 이러한 설명은 네슬레의 다국적기업 정책과 관련되어 있는데, 스위스 내에서의 네슬레의 사회적 이미지와 중남미 국가에서의 네슬레 그리고 심지어 우리나라에 들어와 있는 네슬레 코리아의 경영방침 같은 것들을 생각해보게 된다. 세계적으로 유명한 이유식 회사들과 분유회사들이 국제 기아문제에 대해서 가지고 있는 이윤동기와 그 작동방식에 대해서 우리는 잘 모르고 있다. 요즘 우리나라 수퍼마켓에서 선풍적인 인기를 끌고 있는 '유기농 이유식' 아무 거나 들어서 재료의 원산지를 살펴보면, 아옌데의 경우에서 생겨났던 문제와 우리나라의 음식시장 그리고 또 다른 아프리카에서의 기아들이 연결되어 있다는 생각을 할 수 있게 된다.

상카라의 비극

지글러가 이 책에서 독자들의 손을 잡고 만나게 해주는 가장 매력적인 인물은 상카라라는 젊은 장교이다. 그는 서아프리카 사하라 남단에 위치한 작은 국가인 부르키나파소의 젊은 장교였는데, 그와 그의 친구들이 혁명을 일으키기 전만 해도 그의 조국은 추장들이 분할통치하는 다민족국가이며 세계적으로 어린이 기아문제가 가장 심각한 곳 중의 하나였다.

　　아직 대통령이 되기 전의 상카라는 『아프리카의 낮은 손』의 저자였던 지글러에게 전화를 건다. 바로 이 책의 저자이기도 한 지글러가 구상한 아프리카의 기아 해소책을 실제로 자신의 조국에 적용할 수 있는지를 놓고 고심했던 것이다. 상카라를 비롯한 4명의 젊은 장교들과 지글러는 어느 작은 집에서 식사를 하며 토론을 하게 된다. 서로 친구간이기도 했던 이들 4명의 군인에 관한 이야기는 그들 중 한 명인 블레이즈 콤파오레가 프랑스 정부 등 외국의 사주를 받고 다른 세 명의 친구를 죽이고 자신이 대통령이 된 어느 작은 국가에서 벌어진 눈물나는 사건이다.

이 사건이 벌어진 이유는 상카라의 인두세 폐지와 개간 가능한 토지의 국유화 등 개혁정책에 있었는데, 이 같은 정책에 의해 부르키나파소는 4년 만에 식량을 자급자족할 수 있게 되었다고 한다. 정치부패로 권력을 유지하는 코트디부아르, 가봉, 토고 등 인접국가들에게 이러한 변화가 퍼져나가는 것을 우려한 프랑스의 일부 세력은 상카라의 개혁정책을 두려워했다. 아프리카가 정말로 자신들의 생산물로 어린이 기아를 해소할 수 있을 것인가, 아니면 여전히 극심한 기아 속에서 선진국의 원조로 삶을 이어갈 것인가의 분기점에 놓였던 시점이 바로 이 무렵이었다.

"상카라는 자신의 죽음을 예감했던 모양이야. 1987년 9월 어느 날 밤에 아빠는 에티오피아의 아디스아바바에서 상카라를 우연히 만났어. 상카라는 나라 일로 그곳에 가 있었고, 아빠는 아프리카의 여러 지역을 방문하던 중이었지. 아빠는 그의 숙소인 호텔에서 그와 마주앉아 20년 전 볼리비아의 산중에서 살해된 체 게바라의 운명에 대해 이야기했어. 상카라는 "살해될 당시 그는 몇 살이었을까요?" 하고 물었고, 아빠는 "39세 8개월"이라고 대답했어. 그러자 생각에 잠겨 있던 상카라는 "나도 그 나이까지 살 수 있을까요?"라고 하더구나. 만일 살아 있었더라면 상카라는 살해된 해 12월에 38세 생일을 맞이했을 텐데 말이야." (본문에서)

서른아홉까지 살고 싶었던 상카라의 죽음과 함께 부르키나파소의 어린이들에게는 다시 굶주림이 찾아왔고, 서부 아프리카에서의 변화는 끝내 찻잔 속의 태풍이 되고 말았다. 거의 비슷한 이유로 최대의 기근사태라고 할 수 있는 비극이 소말리아에서 벌어지게 되고, 이 사태로 유엔이 지원하는 곡물을 현지의 군벌이 가로채서 오히려 세력을 더욱 키우는 현상까지 나타난다. 이런 구조에서 유엔이 할 수 있는 일은 별로 없다.

어린이 무덤에 바치는 참회록
사회적으로 가장 약자들인 어린이들이 구조적 부조리에서 제일 먼저 당하게 되는 사회적 사건을 기아라고 할 수 있다. 이런 구조적 병폐는 국가 내부의 이유로 발생하기도 하고, 국제적 관계 혹은 식민지 유산에서 발생하기도 하며, 때로는 국제 기구를 둘러싼 권력관계에 의해서 오히려 재생산되기도 한다. 이렇게 하나의 구조악이 발생할 때마다 그 이유와 경로는 다양하지만, 부모들이 굶어죽은 아이들을 가슴에 묻게 되는 일도 흔하게 벌어진다. 지글러의 표현대로 "어린이 무덤"은 가장 약한 사람들에게 가해진 구조적 폭력을 상징한다.

이 책은 전체적으로 지글러가 어린이 무덤에 바치는 참회록이라고 할 수 있다. 미국이 생산할 수 있는 곡물 잠재량만으로도 전세계 사람들이 먹고 살 수 있고, 프랑스의 곡물생산으로 유럽 전체가 먹고 살 수 있는 전세계적 식량과잉의 시대에 수많은 어린이 무덤이 생겨난다는 사실을 우리는 과연 제 정신으로 이해할 수 있을까? 그 현장에서 많은 사람들과 지도자를 만나고, 그것을 참회록의 느낌으로 써내려간 이 책은 현재 세상이 어떻게 움직이고 어른들이 무엇을 해야 하는가에 대한 방향을 제시하고 있다. 지은이는 이 문제의 해결을 가로막는 이유를 '워싱턴 합의('워싱턴 합의'란 미국과 국제금융자본이 미국식 시장경제체제를 개발도상국 발전모델로 삼도록 하자고 한 합의를 말한다. 냉전 붕괴 이후 미 행정부와 국제통화기금(IMF), 세계은행 등 워싱턴의 정책 결정자들 사이에서는 '위기에 처한 국가' 또는 '체제 이행중인 국가'에 대해 미국식 시장경제를 이식시키자는 모종의 합의가 이뤄졌다. 미국의 정치경제학자 존 윌리엄슨은 1989년 자신의 글에서 이를 '워싱턴 합의'라고 불렀다.

워싱턴 합의는 △사유재산권 보호 △정부 규제 축소 △국가 기간산업 민영화 △외국자본에 대한 제한 철폐 △무역 자유화와 시장 개방 △경쟁력 있는 환율제도의 채용 △자본시장 자유화 △관세 인하와 과세 영역 확대 △정부예산 삭감 △경제 효율화와 소득분배에 대한 정부지출 확대 등을 내용으로 한다)'에서 찾고 있다. 이건 우리에게도 남의 일이 아니다. 우리나라의 초등학교에서부터 고등학교까지 '승자독식'이라는 이름으로 강화된 입시경쟁과 '교육노동'이라는 이름으로 불리는 말도 되지 않는 경쟁관계는 바로 '워싱턴 합의'가 그 근본원인이다. IMF경제위기의 재편과정에서 벌어진 이 같은 승자독식 행태는 워싱턴 합의 체제로 더 깊이 들어가려다가 생겨난 일이다.

책을 덮고, 우리가 안고 있는 많은 문제에 대해서 과연 지글러처럼 학자이며 활동가이며 전문가인 사람이 우리 사회에서도 등장할 수 있을까 하는 생각을 하게 되었다. 기아에 대한 그의 고민은 실은 우리가 살아가고 있는 이 세상과 자기가 속해 있는 작은 우주에 대한 질문 자체이다. 우리 사회의 어린이들이 안고 있는 문제는 과연 무엇일까? 서른세살에 우리에게 '어린이'라는 단어를 남겨주고 세상을 떠나신 소파 방정환 선생은 과연 무슨 생각으로 어린이라는 말을 만들었을까 하는 생각을 해보게 된다.

독자 여러분도 이 책을 읽고 나서 저마다 자기 나름의 질문을 가질 수 있기를 간절히 바란다.

희망은 어디에 있는가?

지난 2000년에 처음 출간된 이래로 이 책은 지금까지 9개 언어로 번역, 출간되었다. 그러나 지구상의 굶주림은 점점 더 심해지고 있다. 날마다 점점 더 많은 사람들이 기아로 인해 죽어나가고 있다. 유엔식량농업기구(FAO : Food and Agriculture Organization)는 2006년 10월 로마에서 제출한 보고서를 통해, 2005년 기아로 인한 희생자 수를 집계했다. 2005년 기준으로 10세 미만의 아동이 5초에 1명씩 굶어 죽어가고 있으며, 비타민A 부족으로 시력을 상실하는 사람이 3분에 1명 꼴이다. 그리고 세계 인구의 7분의 1에 이르는 8억 5,000만 명이 심각한 만성적 영양실조 상태에 있다. 기아에 희생당하는 사람들이 2000년 이후 1,200만 명이나 증가한 것이다. 블랙 아프리카의 상황은 특히 열악하다. 아프리카에서는 현재 전인구의 36퍼센트가 굶주림에 무방비 상태로 놓여 있다.

북한의 상황도 절망적이다. 1990년대에 비해 곡물의

수확은 늘었지만, 취약한 토지소유 구조, 비료와 농기구의 부족, 만성적인 에너지 위기로 인해 곡물생산량이 최저생계선에도 미치지 못하고 있다. FAO는 2006년 북한의 식량 부족분이 80만 톤 이상이라고 평가했다. 수확량이 인구의 최저생계선을 15퍼센트쯤 밑돌고 있는 것이다.

북한의 2,300만 인구의 다수가 단백질, 비타민, 지방, 그리고 이른바 '미량 영양소'의 만성적인 부족에 시달리고 있다. 다섯 달 정도의 춘궁기에는 고통이 특히 심하다. 그 시점이면 이미 그 전해에 수확한 곡물은 바닥이 나버려, 북한 주민들은 별 수 없이 쥐를 잡아먹거나 풀을 뜯어 먹거나 일부 유용한 가축들을 잡아먹으며 연명하고 있다.

2004년 유니세프와 FAO는 북한 아동의 영양 실태에 관한 광범위한 조사에 착수했는데, 그 결과에 따르면 15세 미만 아동의 37퍼센트가 심각한 만성적 영양실조에 시달리고 있다고 한다. 게다가 수유모의 30퍼센트가 영양실조로 빈혈증세를 보여, 아이들에게 충분한 젖을 줄 수 없는 형편이다.

사람들은 식량을 스스로 생산하거나 돈으로 사서 목숨을 부지한다. 그러나 북한의 경우, 농업 인프라 정비를 위한 투자 부족과 집단농장에 만연한 부정부패로 인해 농민들의 형편은 참담하다. 또한 돈으로 식량을 사야 하는 도시 인구(북한 인구의 70퍼센트가 도시에 거주한다)도 사정은 마찬가지다. 2002년 북한 정부가 주도한 구조조정으로 인해 수많은 공장이 문을 닫았고, 그 결과 실업자가 급증했다. 일자리를 가지고 있는 사람도 대개는 고통스런 임금 삭감을 감수하고 있는 실정이다. 북한의 자유 시장에서도 기본 식량의 가격이 치솟고 있다. 북한 정부는 시장가격을 감당할 수 없는 사람들에게 값싼 식량을 공급하는 배급 시스템을 운용하고 있지만, 이 시스템은 비효율적이고 부패로 점철되어 굶주림에 시달리는 수백만 주민들의 기본적인 수요를 채우지 못하고 있다.

그나마 다행스러운 것은 2006년 5월 10일 평양에서 세계식량계획(WFP : World Food Programme)의 아시아 지역 책임자가 북한에 대한 인도적 지원을 약속한 일이다. 그 유효기간은 2년이다.

지금 이 순간에도 아마존의 열대우림은 계속 파괴되고 있으며, 심지어 가속도가 붙고 있다. '지구의 허파' 아마존은 현재 국제시장에서 가장 높은 가격을 형성하고 있는 콩 경작지에 계속 자리를 내주고 있으며, 그에 따라 지구 기후의 파국을 더욱 부채질하고 있다.

이 책은 아프리카에서 영토가 가장 넓은 나라인 수단 중남부의 기아 참상에 대해서도 보고한다. 2003년부터 새로운 내전이 그 땅을 휩쓸고 있다. 오마르 알 바시르의 이슬람 정권이 일으킨 전쟁으로, 수단 정부의 지원을 받는 아랍 민병대 잔자위드가 공화국 서부 다르푸르의 기독교계 흑인 반군들에 대항하여 벌이는 전쟁이다. 이로 인해 220만 명의 난민이 발생했으며, 2003년 이래 30만 명 이상이 학살당했다. 또한 국제구호 차량에 대한 약탈사건도 계속 일어나고 있다. 2006년 8월에만 8명의 국제구호 요원들이 차량 기습으로 인해 목숨을 잃었다. 2006년 말 현재 32만여 명의 사람들이 WFP의 손길이 미치지 못하는 곳에서 굶주리고 있다.

이 책이 출간된 후 일어난 다른 변화들은 자연스러운 것들이다. 이 책에서 비판되었던 유럽연합의 농업 담당 집행위원도 다른 인물로 교체되었다. 하지만 식량 과잉 생산과 덤핑 정책은 계속되고 있다. 2006년 유럽연합 국가들은 자국 농민들에 대한 생산 및 수출 보조금으로 총 3,490억 달러를 지출했다. 그 결과 육류와 우유, 감자, 곡물 등이 엄청나게 과잉 생산되었고, 과잉 생산된 상품들은 보조금 덕분에 아주 싼 가격으로 남반구에 수출되었다. 이런 덤핑 정책의 결과는 치명적이다. 오늘날 아프리카 각국의 시장에서 주부들은 이탈리아, 프랑스, 스페인 등지에서 생산된 채소와 과일을 동질의 아프리카 농산물의 절반이나 3분의 1 가격에 살 수 있다. 시장에서 몇 킬로미터 떨어지지 않은 아프리카 농가에서는 온 가족이 작열하는 태양 아래 하루 열다섯 시간씩 악착같이 일하고 있다. 그런데도 인간답게 살 수 있는 최저생계 수준에도 미치지 못한다. 아프리카 53개국 중 37개국이 거의 순수한 농업국가다. 그들의 농업은 유럽연합에 의해 체계적으로 파괴되고 있다.

그렇다면 희망은 어디에 있는가? 희망은 서서히 변화하는 공공의식에 있다. 얼마 전까지만 해도 수천만 명이 기아로 사망하고, 수억 명이 만성적 영양실조에 시달리는 것이 아주 자연스런 일로, 피할 수 없는 숙명으로 여겨져 왔다. 그러나 현재는 그 주범이 살인적이고 불합리한 세계 경제 질서라는 사실을 점점 더 많은 사람들이 명확하게 인식하고 있다.

2005년 9월 뉴욕에서 열린 유엔 회의에서 156개국의 국가 정상과 정부 수뇌가 모였다. 북한 대표도 참석했다. 이 회의에서 '밀레니엄 목표'가 정해졌다. 밀레니엄 목표란 세계 공동체가 새로이 맞은 새천년 초반에 실현하고자 하는 목표들로, 기아와의 전쟁이 에이즈와의 전쟁이나 무장 해제, 오존층 보호보다 더 우선시되는 제일의 목표로 신포되었다. 기아 사망자 수를 2015년까지 최소한 절반으로 줄인다는 목표다. 하지만 이미 살펴보았듯이 최근의 통계들은 지금의 경제 질서에서는 이런 목표에 도달할 수 없을 것임을 극명하게 보여준다. 남반구에는 기아 희생자들의 피라미드가 쌓이고 있고, 북반구에서는 다국적 금융자본과 그 과두제가 부를 쌓아가고 있다.

그러나 이런 유엔의 '밀레니엄 목표'는 인식과 지각의 변화를 보여준다. 현실은 살인적인 부정의로 물들어 있다. 풍요가 넘쳐나는 행성에서 날마다 10만 명이 기아나 영양실조로 인한 질병으로 죽어간다. 그렇지만 인간의 의식은, 희생자들뿐만 아니라 북반구 국민들의 의식은 이런 상태를 오래 참지 못할 것이다. 변화된 의식은 지구상의 모든 사람들이 충분한 식량을 확보하고 인간다운 삶을 누리기를 원한다. 기아로 인한 떼죽음은 참으로 끔찍한 반인도적 범죄이다.

다른 사람의 아픔을 내 아픔으로 느낄 줄 아는 유일한 생명체인 인간의 의식 변화에 희망이 있다.

2007년 1월 스위스 제네바에서 **장 지글러**

차례
contents

1
일상풍경이 된 굶주림

아빠! 우리나라에는 먹을 것이 넘쳐나서 사람들이 비만을 걱정하고 한쪽에서는 음식 쓰레기도 마구 버리고 있잖아요? 그런데 아프리카나 아시아, 라틴아메리카의 많은 나라들에서는 아이들이 굶어 죽어가고 있다니 정말 기막힌 일 아니에요?

그렇단다, 카림. 정말 하늘이 노할 노릇이지. 2000년 봄 현재의 상황은 특히 나쁘단다. 많은 지역이 대단히 심각한 굶주림에 시달리고 있지. 동아프리카의 소말리아 같은 나라는 상황이 이만저만 심각한 게 아니란다.

언론에서는 소말리아의 기아 상황을 보도하고 있어. 텔레비전 뉴스에서는 팔다리가 비쩍 마른 모습으로 그곳 남부지역을 빠져나오는 굶어죽기 직전의 소말리아 사람들을 방영하고 있더구나. 하지만 이런 뉴스에 유럽은 그저 덤덤하기만 하지. 너도 그런 뉴스 보았니?

네, 그래서 기막힌 일이라고 말하고 있잖아요.

하지만 잘사는 서구 사람들에게 그런 끔찍한 장면은 별로 충격으로 다가오지 않아. 서서히 죽어가고 있는 소말리아인들의 참상은 우리에게 그냥 평범한 일이 되고 말았어. 텔레비전에서 볼 수 있는 장면은 소말리아가 겪는 끔찍한 굶주림의 극히 일부분일 뿐이야. 소말리아 남부의 갈카스크, 콜바, 두기우마, 제릴라 일대에서는 1년 전부터 극심한 기근이 계속되어서, 문자 그대로 '시체의 산'을 이루고 있다는구나. 그리고 너는 이런 희생자들을 좀처럼 볼 수가 없어. 왜냐면 스위스의 TF1, RA1, 독일의 ZDF, 영국의 BBC 같은 서방 언론의 카메라들은 이런 현장에서 몇 백 킬로미터나 떨어진 에티오피아의 오가덴에 세워져 있거든. 그러니까 네가 텔레비전에서 보는 사람들은 그나마 국경을 넘어 오가덴의 난민 캠프까지 이동할 수 있었던 사람들이지.

오가덴이 어디에 있는데요?

오가덴은 소말리아와 국경을 맞대고 있는 에티오피아의 넓은 지방으로 예전에는 소말리아 땅이었지. 그래서 이곳에 소말리아의 목축민이나 농민들이 많이 거주하고 있단다. 에티오피아의 메넬리크 황제가 80년쯤 전에 무력으로 이 지역을 정복하여 자기네 영토로 만들었지. 하지만 지금은 에티오피아도 아주 가난하단다. 그리고 황제와 그 뒤를 이은 붉은 독재자 멩기스투(Mengistu)를 상대로 20년 넘게 투쟁한 끝에 권력을 잡은 아디스아바바의 현 정부는 이번에는 북쪽 이웃인 에리트레아 공화국을 상대로 또다시 전쟁을 벌이고 있어.

그러니까 기적적으로 소말리아를 빠져나온 사람들도 자기 나라보다 별로 나을 게 없는 땅으로 피난하고 있는 셈이지. 에티오피아의 돌로나 카랄로에 있는 난민 캠프는 대부분 그야말로 시체 수용소나 다름없어.

소말리아 정부는 국민들이 그렇게 굶어 죽어가고 있는데 뭘 하고 있는 건가요?

정부의 대응은 정말 이해하기 힘들어. 소말리아는 국토의 면적이 프랑스보다 10만 평방미터 정도나 넓지만, 인구밀도는 아주 낮단다. 인구가 1,000만 명 정도밖에 안 되지. 소말리아 북부는 이제 경제도 점차 회복되고 있어. 하르게이사 지방이나 노갈 계곡 일대의 드넓은 지역은 물이 풍부해서 좋은 수확을 기대할 수 있고, 목축도 다시 활기를 띠고 있단다.

그런데도 정부는 수만 명의 죽어가는 국민들을 보고만 있다는 말이에요?

　문제는 이 자부심 강한 소말리아에 10년 넘게 이렇다 할 정부가 없다는 거야. 단일 언어와 단일 종교에, 아프리카의 다른 나라들과는 달리 종족간의 갈등도 없는 단일 민족으로 이루어졌는데도 말이야. 소말리아에는 서로 적대적인 군벌(강대한 군사력을 배경으로 정치적 특권을 장악한 군인집단)들이 대립해서 대포와 칼리슈니코프 소총, 칼을 들이대고 싸우고 있어. 모두가 자신들의 군벌 대장에게 복종하고 있지. 각 군벌이 원하는 것은 자신들이 권력과 부와 가축을 독점하는 것이야.

　기근이 심한 남부에는 메르카라는 작은 항구가 있는데, 거듭되는 전투로 부두가 파괴된 상태야. 그래서 쌀을 잔뜩 실은 국제구호단체의 화물선은 항구 인근에 닻을 내리고는 소형 증기선으로 쌀자루를 항구로 운송해야 하지. 지원되는 식량은 절대적으로 부족한 양이란다. 게다가 부두에서는 마리화나를 피우는 무장한 남자들이 자기네 몫을 요구하지. 그리고는 그 쌀자루들을 짐차에 싣고 가서 북부 시장에 내다판단다. 더 기막힌 것은 거기서 멀지 않은 곳에 과거 이탈리아 식민정부가 건설해 놓은 모가디슈 항이 있다는 거야. 인도양에 면해 있는 항구 중에서 가장 현대적인 모가디슈 항은 크레인이나 사일로(곡물저장탑), 컨베이어 벨트 같은 좋은 설비를 갖추고 있어서 하루에 수천, 아니 수만 톤의 물량을 처리할 수 있단다. 모가 디슈 항은 메르카 항에서 북쪽으로 약간 떨어져 있어. 기아가 심각한 지역에서 그리 멀지 않은 곳이지. 하지만 이 모가디슈 항은 폐쇄상태에 있단다. 이곳 동부의 군벌들이 전투를 벌이 는 바람에 국제원조를 전혀 받아들일 수 없는 실정이지. 약탈 에 대한 공포로 어떤 외국선박도 그곳에 정박하려 하지 않기 때문이야. 선원들은 목숨을 잃을까봐 두려워하고 있지. 소말 리아는 걸핏하면 납치나 인신매매가 행해지는 나라거든.

자기 민족을 망치는 범죄자들은 바로 그 군벌 우두머리들 이로군요?

그렇단다.

2
8억 5,000만의 굶주리는 사람들

전세계에 걸쳐 현재 굶어죽을 위기에 처해 있는 인구는 얼마나 될까요?

유엔식량농업기구(FAO)라는 조직이 있는데, 이 조직은 1999년 한 해 동안 3,000만 명 이상이 '심각한 기아상태'에 있는 것으로 보고 있어. 여기에 '만성적인 영양실조'에 허덕이는 사람들의 숫자까지 합치면 기아 인구는 8억 2,800만 명 정도가 된다는 얘기야.

이들은 영양부족으로 인해 회복할 수 없는 신체적 손상을 입은 사람들로, 서서히 죽음을 맞거나 평생 시각장애나 곱삿병, 뇌기능 장애 같은 중증 장애에 시달리며 살아가게 된단다.

시각장애를 예로 들어볼까? 1980년 이후 영양실조나 저개발로 인해 매년 평균 700만 명이 실명하고 있어. 그 대부분이 아이들이지. 아프리카, 아시아, 라틴아메리카에는 맹인의 수가 5,000만에 달하고, 1억 4,600만 명이 트라코마(눈의 결막 질환)에 감염되어 있단다. 세계보건기구(WHO)의 그로 할렘 브룬트란드 사무총장은 1999년 제네바에서 〈비전 2020〉이라는 플랜을 소개하면서, "시력손상의 80퍼센트는 간단하게 면할 수 있는 성질의 것"이라고 말했지. 그들에게 규칙적으로 비타민A를 복용시키기만 해도 그런 상태를 비약적으로 개선할 수 있다는구나.

1990년에는 8억 2,200만 명, 그 후 1999년에는 8억 2,800만 명(2005년에는 8억 5,000만 명)이 기아상태에 있는 것으로 보고되었어. 이런 수치는 두 가지로 해석해 볼 수 있어. 첫째는 기아로 사망하는 사람들의 수가 특히 남반구에서 끊임없이 증가하고 있다는 것이고, 둘째는 극심한 영양실조를 앓고 있는 사람들의 수를 인구증가율과 비교하면 기아인구의 비율이 약간 줄어들었음을 확인하게 된다는 것이지.

1990년에는 세계 인구의 20퍼센트가 극심한 영양실조에 시달렸는데, 1999년에는 19퍼센트로 비율상으로는 줄어들었지.

굶어죽는 사람들이 제일 많은 지역이 어디인가요?

동남아시아에서는 인구의 18퍼센트가 굶주림에 허덕이

고 있단다. 아프리카에서는 인구의 35퍼센트, 라틴아메리카와 카리브해 지역에서는 약 14퍼센트가 굶주리고 있지. '심각한 영양실조' 상태에 있는 사람들의 4분의 3은 농촌지역 사람들이야. 나머지 4분의 1은 제3세계 대도시와 그 주변의 빈민촌 사람들이고.

이상하네요. 농촌 사람들, 그러니까 식량을 생산하는 농민들이 기아에 시달리고 있는 거잖아요?

그렇단다. 사하라 이남 아프리카 농민들은 대단히 부지런하고 유능해. 이들은 전해 내려오는 농법으로 매일매일 뼈가 부서지게 일을 하지. 그런데도 이들은 평생을 배고픔에 시달린단다. 영양실조로 병에 걸려 사망하거나, 갑작스런 기근으로 죽기도 하지.

그러니까 기아가 가장 심한 대륙은 아프리카네요?

아니, 숫자로 따지면 아시아에 기아인구가 더 많단다. 아시아에는 5억 5,000만 명이 심각한 영양실조 상태에 있고, 사하라 이남 아프리카에서는 1억 7,000만 명이 굶주림에 시달리고 있지.

유럽은 안전지대인가요?

그렇지 않아! 동유럽 국가들과 옛 소비에트 연방에서 독립한 나라들도 기아문제를 안고 있단다. 생계활동을 하지 못하는 노인들, 남자가장 없이 여자 혼자서 아이들을 키우며 사는 세대들은 소외와 가난에 허덕이고 있어. 국가의 보장체계는 집단농장과 더불어 거센 자유화 바람에 휩쓸려버렸지. 사회적 약자들은 마피아의 모습으로 등장하는 잔인한 자본주의에 무방비 상태로 내몰린 경우가 많단다. 한 가지 예를 들어보자.

1997년 러시아의 옐친 대통령은 영양학자, 의사, 인류학자들로 이루어진 위원회를 구성해서, 기아와 만성적인 영양실조가 러시아 국민들에게 어떤 영향을 미치는지를 조사하게 했어. 이 위원회의 최종보고서에 따르면, 국제적인 평균수명 비교에서 러시아 남성은 135위, 여성은 100위를 기록했어. 러시아 국민들의 평균수명이 유럽이나 북아메리카 사람들에 비해 훨씬 낮다는 것이지. 소련이 무너졌던 1991년 이전에는 대체로 비슷했는데 말이야. 현재 러시아인들의 평균수명은 캄보디아와 아프가니스탄을 제외한 아시아의 국가들보다 낮아. 그리고 스웨덴 사람들보다 17년, 미국인들보다 13년이 낮은 것으로 조사되었단다.

부유한 나라 사람들도 굶주릴 수 있어. 러시아가 바로

그런 예야. 러시아는 세계적으로 금, 우라늄, 석유, 천연가스 생산을 선도하고 있지. 군사력으로는 세계 2위의 국가란다. 콩고의 경우는 더 심해. 콩고는 중요한 지하자원을 보유한 나라지만, 많은 사람들이 굶주리고 있지. 지구상에서 곡물을 가장 많이 수출하는 나라인 브라질에서는 살인적인 금융과두제(금융 소수 지배제 : 소수의 거대한 금융 자본이 한 나라의 경제와 정치를 지배하는 제도. 레닌은 이것을 제국주의 단계에서 나타나는 자본주의 징후의 하나로 꼽았다)가 모든 중요한 물품을 독점하고 있어. 그래서 이 나라 북동부에서는 영양실조가 만연하면서 해마다 많은 사람들이 희생당하고 있다는구나.

3
기아는 자연도태? 아니면 어쩔 수 없는 운명?

기아는 언제부터 시작되었을까요?

인류의 역사가 시작되면서부터 아닐까? 기아는 인류에게 끈덕진 동반자였지. 석기시대 사람들은 아침부터 저녁까지 먹을거리를 찾아 헤맸을 거야. 우르와 바빌론 같은 도시에서는 기근이 끊이지 않았고, 끔찍한 대기근이 주기적으로 로마와 그리스인들의 목숨을 대거 앗아갔지. 중세에는 농노나 자유농민, 도시민, 그리고 그들의 가족들이 수백만 명이나 굶어죽었단다. 19세기 때도 중국, 아프리카, 러시아, 오스만 제국 등에서 수십만 명이 굶어죽었고.

그러다가 19세기 후반의 산업혁명으로 생산성이 눈부시게 향상되어, 오늘날에는 19세기 같은 '물질적인 결핍'이 사라지게 되었지. 하지만 벌써 사라졌을 것 같은 기아문제는 아직도 해소되지 못하고 있어. 아니, 오히려 그 반대야. 굶주림은 비극적인 방식으로 더 심해지고 있어. 현재로서는 문제의 핵심이 사회구조에 있단다. 식량 자체는 풍부하게 있는데도, 가난한 사람들에게는 그것을 확보할 경제적 수단이 없어. 그런 식으로 식량이 불공평하게 분배되는 바람에 안타깝게도 매년 수백만의 인구가 굶어죽고 있는 거야.

그러니까 세계의 모든 사람들을 먹여 살릴 만한 식량은 충분히 있다는 건가요?

그뿐 아니란다. 지구는 현재보다 두 배나 많은 인구도 먹여 살릴 수 있어. 오늘날 세계 인구는 60억 정도(세계 인구는 2006년 2월 26일 현재 65억 명을 넘어섰다)되지. 하지만 1984년 FAO의 평가에 따르면, 당시 농업생산력을 기준으로 계산하여 지구는 120억의 인구를 거뜬히 먹여 살릴 수 있다는 거였어. 먹여 살린다는 의미는 남녀노소를 가리지 않고 지구상의 모든 사람들에게 하루 2,400~2,700칼로리 정도의 먹을거리를 공급할 수 있다는 얘기지. 물론 각 개인이 필요로 하는 칼로리의 양은 나이, 직업, 또는 거주지역의 기후에 따라 달라지겠지만 말이야.

그렇다면 배고픔은 세계의 주민들이 어쩔 수 없이 겪어야 하는 고통이 아닌 거네요?

물론이지. 식량이 제대로 분배된다면 모든 사람이 충분히 먹고도 남게 될 거야.

서구의 부자 나라 사람들을 사로잡고 있는 신화가 있어. 그것은 바로 자연도태설이지. 이것은 정말 가혹한 신화가 아닐 수 없어. 이성을 가진 대부분의 사람들은 인류의 6분의 1이 기아에 희생당하는 것을 너무도 안타까워해. 하지만 일부의 적지 않은 사람들은 이런 불행에 장점도 있다고 믿고 있단다. 그러니까 점점 높아지는 지구의 인구밀도를 기근이 적당히 조절하고 있다고 보는 거야. 너무 많은 인구가 살아가고 소비하고 활동하다 보면 지구는 점차 질식사의 길을 걷게 될 텐데, 기근으로 인해 인구가 적당하게 조절되고 있다는 얘기지. 그런 사람들은 기아를 자연이 고안해낸 지혜로 여긴단다. 산소 부족과 과잉인구에 따른 지명적인 영향으로 인해 우리 모두가 죽지 않도록 자연 스스로 주기적으로 과잉의 생물을 제거한다는 거야.

설마 자연이 그런 일을?

이런 설명은 전형적인 유럽적, 백인 우월주의적 '정당화' 란다. 부자들과 권력자들의 논리지. 자신들은 절대로 굶어 죽지 않을 거라는 걸 알고 있으니까 말이야. 영양실조로 팔다리가 비쩍 마른 아이를 안고 있는 벵골이나 소말리아, 수단의 엄마들이 그 아이들의 죽음과의 싸움이 '자연이 고안해낸 지혜'라는 소리를 들으면 어떤 반응을 보이겠니?

그런데도 많은 지식인이나 정치가, 국제기구 책임자들은 엉터리 신화, 즉 기근이 지구의 과잉인구를 조절하는 작용을 한다고 믿고 있단다.

브라질 북동부 바이아 주에 있는 살바도르의 화창한 오후가 기억나는구나. 나는 기아문제에 대해 지속적인 투쟁을 벌이고 있는 교양 있는 의학자 올란도 카스트로-리마와 함께 그곳의 묘지를 방문했지. 살바도르는 도시의 4분의 1이 구릉지대였는데, 그곳의 아름다운 언덕에 묘지가 있있어. 바다와 가까워서 시원한 바람이 교회당 벽돌을 연신 간지럽혔지. 캄포 산토라는 그 묘지는 고인들의 사회적 계층을 인상적으로 드러내고 있었어. 언덕의 꼭대기 부근에는 특권층인 금융과두제 엘리트들의 묘가 검정과 분홍빛 대리석으로 호화롭게 꾸며져 있었지. 사탕수수 농장주나 돈 많은 의사, 부유한 노예상인 같은 상류층의 묘였어. 부인들은 죽어서도 남편에게 복종하듯 남편 옆에 묻혀 있었지.

외국인 농장주들, 그러니까 스위스나 독일에서 이주하여 일레우스에서 카카오나 담배 농장을 경영하여 큰 부자가 된 사람들의 비석은 또 다른 분위기를 풍겼어. 마치 자신들에게는 흑인이나 인디오의 피가 단 한 방울도 섞여 있지 않다는 것을 과시라도 하듯, 원주민 엘리트들의 묘들과 멀찌감치 거리를 두고는 큰 나무들이 우거진 숲에 묘당을 세우고 있었지. 강압적으로 부를 쌓은 이 두 그룹의 묘지는 통로나 벽으로 충분히 분리되어 있었어.

좀 더 아래의 중턱쯤에는 중류층 시민의 묘가 있고, 그 아래로 소상인이나 하급관리들의 묘가 펼쳐져 있었어. 화려한 묘는 별로 보이지 않았지. 대부분 커다란 판으로 묘를 덮어놓은 모습이었단다. 이곳의 묘는 하얀 천사상이나 고인의 브론즈상 대신 알록달록한 조화들로 장식되어 있었지.

자신의 농장에서 사망한 세르타오의 대농장주나 레콘카보의 사탕수수 농장주 중에는 고국의 가족묘지에 묻어달라는 유언에 따라 대양을 건너 고향에 묻힌 사람들도 있어. 하지만 중류층이나 소시민들은 거의 이곳에 묻히지. 그 아래로는 통로와 담을 사이에 두고 비탈에서 바다까지 이어지는 노단이 있었어. 이곳 좁은 골짜기 가장자리의 우거진 덤불 속, 마르고 붉은 땅에는 만성적인 기아와 거듭되는 대기근에 시달리다 죽은 이름 모를 수많은 희생자들이 어떤 무덤장식도 없이 쉬고 있었단다. 몹시 불안한 휴식처라고 할까?

우리가 방문했을 때는 흑인 인부들이 이곳에서 일을 하고 있었어. 그들은 뱀을 쫓아내고 잡초를 뜯고는 땅을 팠지. 묻힌 지 몇 년, 혹은 채 몇 달 되지 않은 해골과 뼈들을 추려서 수레로 던지고 있었지. 그러고는 구석진 곳에서 그것들을 태웠지. 재가 바람에 흩날리더구나.

이 장면을 지켜본 올란도 카스트로-리마는 심각한 표정으로 "자연도태가 무슨 뜻인지, 여기서 아주 명확하게 볼 수 있지요?"라고 말했어.

자연도태라. 이 말은 정말 얼토당토않은 말이야. 그런데도 이런 표현은 사람들의 대화 속에 자연스럽게 등장하지. 아빠는 여러 대학과 제네바에서 열리는 각종 국제회의, 그리고 유엔의 책임자들과의 사적인 대화에서 이 말을 무수히 들어보았어. 숙명적인 기아가 지구의 과잉인구를 조절하는 확실한 수단으로 인식되고 있는 것이지. 그러니까 기아가 산아제한의 수단으로 여겨지고 있는 거야. 강한 자는 살아남고 약한 자는 죽는다는 자연도태설. 이 개념에는 무의식적인 인종차별주의가 담겨 있어.

그런 엉터리 개념을 맨 처음 사용한 건 누구였나요?

18세기 말 영국국교회 성직자였던 토머스 맬서스라는 사람이었어. 맬서스는 1798년에 인구 법칙에 관한 논문을 발표했어. 이 논문에서 맬서스는 세계 인구는 기하급수적으로 성장하여 25년마다 두 배가 되지만, 식량의 증가는 산술서열을 따르므로, 가난한 가정은 자발적으로 산아제한을 해야 한다고 주장했지. 그리고 가난한 사람들에 대한 사회보조나 지원은 중단되어야 한다고 했어. 맬서스는 질병과 배고픔은 가슴 아픈 일이기는 해도 이 사회에 필수적인 기능을 한다고 주장했단다. 지구상의 인구를 줄여주는 자연적인 수단이라는 얘기였지.

그 맬서스라는 사람, 정말 이상한 기독교인이군요!

그렇단다. 하지만 그의 책은 출판되자마자 유럽의 지배층에서 널리 읽혔고, 산업화 초기의 국민경제학자들과 기업인들에게 상당한 영향을 끼쳤단다. 맬서스의 주장은 오늘날에도 막강한 힘을 발휘하고 있어.

맬서스의 이론은 전적으로 틀린 것인데도요? 아까 우리 지구는 인구가 지금의 두 배가 되어도 너끈히 먹여 살릴 수 있다고 하셨잖아요. 그런데 어떻게 사람들이 맬서스의 이론에 동의할 수 있는 거죠?

카림, 대답은 아주 간단하단다. 맬서스 이론은 근본적으로 틀렸지만, 심리적 기능을 충족시키거든. 날마다 기아에 시달리는 사람들과 구호시설에서 웅크린 채 죽어가는 아이들, 수단의 덤불 속을 비쩍 마른 몸으로 뛰어다니는 아이들을 보는 것은 일반적인 감성을 가진 사람들에게는 참을 수 없는 일이거든.

그래서 양심의 가책을 진정시키고, 불합리한 세계에 대한 분노를 몰아내기 위해 많은 사람들이 맬서스의 신화를 신봉하고 있어. 끔찍한 사태를 외면하고 무관심하게 만드는 사이비 이론을 말이야.

4
문제가 집중되는 나라, 소말리아

소말리아의 상황에 대해 좀 더 이야기해주세요. 소말리아에서 굶어 죽어가는 아이들을 구하기 위해 서방국가는 무슨 일을 하고 있죠?

카림, 이상하게 들리겠지만 서방국가는 그리 많은 일을 할 수 없단다. 8년쯤 선인가 미국의 부시 대통령은 크리스마스 때 소말리아에 평화유지군을 보냈어. 그들의 임무는 생활필수품 분배를 감독하고, 국제적십자와 난민구호기금 같은 국제조직의 선박, 화물차, 직원들을 보호하며, 생필품과 의약품을 나누어주는 일이었지. 그런데 무슨 일이 일어났지?

기억나지 않아요.

미군 수십 명이 살해당했어. 이탈리아 등 다른 서방국가 군인들도 희생당했지. 그래서 결국 미군과 다른 나라들의 군인은 철수했고, 불쌍한 소말리아는 자신들의 운명에 내맡겨졌지. 그리고 현재 우리는 다시금 끔찍한 기근과 떼죽음을 목격하게 된 것이란다.

미군은 왜 싸우지 않았나요?

이야기를 다 하자면 길고 복잡하단다. 대략적인 것만 설명해주마. 소말리아는 인도양과 에티오피아 고원에 둘러싸인 나라로, 일부 지역은 경작도 가능하지만, 약 63만 평방킬로미터에 달하는 국토의 대부분은 사막과 바위 투성이란다. 소말리아는 1960년에 당시까지 이탈리아와 영국의 식민지였던 두 지역이 통일되면서 독립했단다. 1969년 시아드 바레 장군이 군사쿠데타를 일으켜 대통령을 살해하고 모가디슈에서 권력을 장악했지. 그러다가 1980년대 말에는 각지의 여러 강력한 군벌들이 바레 장군에게 반기를 들었어. 북부에서는 이사크, 중부에서는 하뷔야, 그리고 동부에서는 오가데니가 들고 일어났지. 바레 장군은 군사력을 동원해 많은 적대자들을 학살했어. 하지만 1990년 그의 통치권은 사실 모가디슈만으로 제한되었어. 한편으로는 북부에서 남부에 걸쳐 끔찍한 기근이 확산되었지. 수십만 명, 주로 아이들이 목숨을 잃었어.

1991년에는 드디어 유엔이 개입하여 유엔평화유지활동단(UNOSOM)이라는 이름으로 대규모 구호활동을 시작했어. 하지만 군벌 우두머리들과 바레 장군에 대한 광신적인 신봉자들이 선박과 화물차를 약탈하는가 하면 국제구호단체 대표자들을 인질로 잡고 몸값을 요구했어. 소말리아에서의 죽음은 계속되었지. 한편 미국의 부시 대통령은 "Restore Hope" (희망의 회복)라는 작전을 개시하기로 했어. 1992년 12월 7일, 미군 선발대가 전세계 200명의 기자와 카메라맨을 대동하고 소말리아에 도착했어. 그 후로 3만 이상의 병력이 파견되었지. 그러나 소말리아의 군벌들은 항복하지 않았어. 알리 마디 무하메드, 오스만 아토 등은 바레 장군의 무기고에서 훔치거나 유럽에서 사들인 현대적인 무기로 무장한 민간 군벌들의 지원을 받고 있었어. 겉보기에 미국측 지휘부의 임무는 아주 단순했어. 군벌들과 협상하여 국제구호단원들을 보호하고, 긴급한 물품이 차질없이 분배되도록 하는 것이었지. 하지만 미국은 모든 면에서 실패했어. 암살, 매복, 도시 게릴라들로 인해 미군 수십 명이 목숨을 잃었단다. 이들이 쓰러져 가는 모습이 텔레비전에 방영되자, 미국의 여론은 미군의 조속한 귀환으로 돌아섰지.

하지만 유엔도 있잖아요. 유엔은 뭘 하고 있죠?

유엔은 할 수 있는 모든 일을 다 했고, 지금도 소말리아에는 수백 명의 유엔 직원들이 상주하고 있지. 매일매일 목숨을 걸고 활동하고 있는 참으로 용감한 사람들이야. 코피 아난이 유엔 사무총장이 된 후로 특사로 파견되어 있는 스위스인 랑엔바퍼 등은 서로 대립하고 있는 군벌들이 이성을 되찾도록 계속 노력하고 있지만 성과는 거의 전무해. 그래서 유엔과 전쟁 지도자들 사이에 최소한의 조정만 진전되어도 효과적으로 해결할 수 있을 떼죽음과 기근 사태가 지금도 계속되고 있는 것이지.

생각만으로는 무척 간단할 것 같은데 그렇게 복잡하군요. 전쟁을 일삼는 자들을 사라지게 하거나, 최소한 그들이 유엔 대표나 국제 NGO, 국경 없는 의사회, 국제적십자 등과 협력만 해도 될 것 같은데 말이에요?

무엇 하나 간단하지가 않단다. 특히 아프리카를 비롯한 제3세계에서는 말이야. 우리 눈앞에서 벌어지고 있는 소말리아 사태에는 다양한 요인들이 작용하고 있지. 군벌끼리의 갈등, 내전, 불안한 사회제도, 가뭄이나 사막화 같은 자연재해, 도로나 항만 같은 사회기반시설의 미정비, 유엔이나 인도적 지원조직의 협력을 거부하는 따위의 문제들이 겹쳐 있단다. 그래서 식량, 식수, 비타민 부족 등으로 소말리아 사람들은 지금도 죽어가고 있는 거야.

5
생명을 선별하다

기아라고 해도 원인에 따라 여러 형태가 있는 건가요?

　그래, FAO는 '경제적 기아'와 '구조적 기아'로 구분하고 있어. 대략 설명하자면 '경제적 기아'는 "돌발적이고 급격한 일과성의 경제적 위기로 발생하는 기아"를 말한단다. 이를 테면 가뭄이나 허리케인이 덮쳐 마을과 경작지, 도로, 수원지가 파괴되거나, 혹은 전쟁으로 집들이 불타고, 사람들이 거리로 내몰리고, 상점들이 파괴되고, 다리가 폭파되기도 하지. 그러면 갑작스럽게 식량이 바닥나고 수백만의 인구가 다음 날이면 금세 굶어죽을 위기에 처하게 되는 거야. 국제적인 도움의 손길이 재빨리 미치지 않으면 많은 사람들이 굶어죽게 되지.

　그리고 '구조적 기아'는 "장기간에 걸쳐 식량공급이 지체되는 경우"를 말하지. 그 나라의 경제발전이 더딘 데 따른 생산력 저조, 급수설비나 도로 같은 인프라의 미정비, 혹은 주민 다수의 극도의 빈곤 등이 원인이 되어 발생한단다. 이런 경우에 사람들은 비타민 결핍이나 단백질 부족에 따른 소아 영양실조 등의 다양한 질병을 앓으며 서서히 죽어가게 되지.

그러니까 '구조적 기아'는 간단히 말해서 외부적인 재해로 발생하는 것이 아니라 그 나라를 지배하고 있는 사회구조로 인해 빚어지는 필연적인 결과란다.

'경제적 기아'가 어떤 상태인지 아직 잘 와닿지가 않아요. 예를 들어 설명해주실래요?

1985년 1월 에티오피아에서 보낸 날들이 생각나는구나. 에티오피아는 커피와 모피, 감귤류 등의 수출에 의존하고 있었는데, 이들 수출산업이 갑자기 타격을 받는 가운데 가뭄과 기근에 노출되었지. 아빠는 유럽 국가들의 구호곡물을 실은 헬리콥터를 타고 해발 2,400미터의 고지에 있는 바르카 지방을 둘러보게 되었지. 베니 아메르라는 소수민족이 사는 곳이었어. 눈 아래로 펼쳐지는 경작지는 바짝 메말라서 회색이나 황색으로밖에 보이지 않았단다. 널리 흩어져 있는 마을들을 쭉 둘러보았지만, 그 어디든 마치 사람이 살지 않는 유령마을 같았어. 건물은 보여도, 살아 있는 것이라고는 도무지 볼 수 없었지.

바르카의 중심도시인 아고르다드는 지난날 에티오피아

에서 가장 넉넉한 곳이었단다. 바르카 강이 사헬 산지에서 흘러들어 남에서 북으로 광대한 대지를 적시다가 수단과의 국경을 33킬로미터 지나면서 청(靑)나일 강으로 흘러들지. 이탈리아의 식민지시대부터 이 바르카 강의 은혜를 입어, 야자수가 무성하고 수박이나 오렌지를 재배하던 토착농가에서는 상당한 수입을 얻고 있었어. 게다가 과일이나 야채를 홍해 맞은편의 지다 같은 사우디아라비아 도시에 수출할 수 있었다는구나.

그런 아고르다드는 어떻게 되었나요?

아빠가 가뭄으로 땅이 쩍쩍 갈라진 아고르다드에 도착했을 때는 뜨거운 일월의 해가 중천에 떠 있었어. 보통 때 그 도시의 인구는 6,000명 이하인데, 아빠가 방문했을 때는 이미 2만 5,000명이나 되는 사람들이 피난을 와 있었어. 아침마다 비참한 모습의 새 피난민들이 식량을 구하려고 난민 캠프 앞에 길게 줄을 섰지.

난민 캠프는 어떤 곳이죠?

난민 캠프는 식량을 배급하고 의료적인 처치를 해주는 시설이야. 당시 에티오피아에서 난민지원을 주관했던 구호·

회복위원회(RRC)에 소속된 3명의 실무자가 그곳 캠프를 지휘하고 있었지. 난민 캠프는 시가지를 벗어난 조금 외진 곳에 있었어.

그곳의 광경은 정말 악몽 같았어! 눈이 닿는 곳마다 얼기설기 지은 움막과 앙상한 나뭇가지들 사이에 친 비닐 지붕들이 즐비했어. 뼈만 남은 사람들이 먼지투성이 바닥에 그냥 앉아 있었지. 염증이 생긴 아이들의 눈 위로 덤벼드는 파리소리 외에는 아무것도 들리지 않았어. 군벌 지도자 출신으로 보이는 몇몇 노인들은 멍한 눈길로 앙상한 몸을 지팡이에 의지한 채 RRC의 작은 벽돌집 담장이나 하나뿐인 물탱크에 기대고 있었어. 하지만 낯선 방문객을 대하는 그들의 태도는 아직도 위엄을 풍겼지.

난민 캠프 앞에서는 젊은 에티오피아 간호사가 피난민들을 선별하고 있었어. 슬프지만 어쩔 수 없는 조처였지. 120만 평방킬로미터가 넘는 광대한 에티오피아 국내외의 수백 명의 의사, 간호사, 사회활동가들도 그런 작업을 불가피하다고보고 있었어. 어떤 선별작업이었냐고? 긴 여정에서 살아남아 아고르다드 난민 캠프에 도착한 피난민들은 대개 특별한 영양섭취와 집중치료를 필요로 했어. 하지만 식량이나 의약품은 한정되어 있어서, 간호사들은 누가 살아남을 가능성이 있는지, 그리고 그 순간의 상태로 보아 누구를 죽게 내버려 두는 것이 좋을지를 결정해야 했어. 피난민 엄마들은 난민 캠프 앞에서 아이들을 안고 있었지. 아이를 싼 누더기 천이 아이가 가냘픈 숨을 몰아쉴 때마다 위아래로 들썩이는 모습은 정말 가슴이 아팠어. 간호사가 넝마 포대기를 열어보고는 그 옆에 앉아 있는 엄마에게 뭐라고 의사표시를 했지. 그러면 젊은 남자들이 아기를 받아 수송차에 뉘었어. 그곳에서 몇 킬로미터 떨어지지 않은 언덕에 있는 병원으로 가는 차였지. 많은 아이들이 눈이 멀어 있었어. 만성적인 비타민A 결핍으로 눈과 뇌가 손상된 것이지.

이런 광경은 아빠도 텔레비전에서 여러 차례 본 적이 있어. 그때마다 "기아는 부드러운 죽음이다. 점차 쇠약해지다가 마지막에는 의식이 없는 상태에서 고통 없이 죽는 것이다." 이런 식으로 아빠 자신을 세뇌시키고 있었어. 그런데 그게 아니었단다! 누더기 속에서 일그러진 작은 얼굴들은 그들이 가공할 고통을 겪고 있음을 말해주고 있었어. 작은 몸들이 흐느끼며 오그라들고 있었지. 엄마나 누이들이 때로 숨진 아이의 얼굴에 가만히 수건을 덮었어.

병원은 어땠나요?

한 아버지가 주름이 깊게 파인 걱정스런 얼굴로 병원 앞에 서 있었어. 발치에는 아들이 누워 있었지. 열두 살 아니면 열다섯 살? 아이의 사지는 정말이지 거미다리처럼 너무도 가

늘었어. 그 아이를 보면서 너를 떠올렸지. 현지의 유일한 의사인 타마르트 망게샤가 그 아이를 보고는 조용히 고개를 저었어. 너무 늦어서 어떤 도움도 소용이 없었던 거야. 그 아이는 곧 죽음을 맞게 될 상태였지. 아버지는 전신을 떨었어. 눈물이 하염없이 뺨 위로 흘러내렸어. 아버지는 한 마디 말도 못한 채 의사를 뚫어져라 쳐다보기만 했어. 의사는 다시 한 번 고개를 저었지. 아이는 더는 생명을 구할 수 없는 상태였어. 결국 그 아버지는 허리를 굽히더니 가만히 아들을 안고는 가버렸어.

의사는 나를 2층으로 데리고 갔어. 밝은 홀에 침대들이 나란히 놓여 있었지. 정맥에 영양주사를 놓는 집중치료실이었어. 청소년이나 몇몇 어른, 그리고 많은 어린아이들이 몇 안 되는 침대를 나누어 쓰고 있었단다. 어린 사내아이가 커다란 갈색 눈으로 나를 쳐다보았지. 자신에게 무슨 일이 일어났는지를 모르는 것 같았어. 에티오피아인들은 원래 예의 바르고 무척 공손한 사람들이야. 망게샤 박사가 이렇게 말했어. "그래도 상황이 약간 나아진 편이에요. 이번 주에는 아이들 29명만 잃었어요." 병원에는 항생제나 설폰아미드도 없고, 결핵에 처방하는 스트렙토마이신도, 심지어 치명적일 수 있는 설사를 멈추게 하는 흔한 지사제도 없었어.

그때가 1985년 1월 7일이었지. 에티오피아력으로 크리스마스 때였어. 아빠는 죽는 날까지 그때의 크리스마스를 잊지 못할 거야!

에티오피아의 다른 지역에 시설이 더 나은 병원이나 난민 캠프는 없었나요?

없었어. 에티오피아 인구는 약 4,200만인데, 그 85퍼센트가 거주하는 에티오피아 고원에는 5년째 비가 내리지 않고 있었지. 땅은 먼지뿐이고, 말라 비틀어진 테프(곡물의 일종) 줄기만이 여기저기 서 있었어. 수십만의 농민이 얼마 안 되는 곡식을 찾아 먼지 덮인 산야를 헤매고 있었단다. 고원에서는 벌써 오래전에 가축들을 잃은 아파르 유목민들이 물이나 먹을 만한 뿌리 같은 것을 찾기 위해 맨손으로 땅바닥을 파고 있었지. 2,000년이 넘는 장구한 역사를 자랑하는 광대한 나라 에티오피아는 연간 1인당 국민소득이 128달러로 현재 지구상의 최빈국에 속해. 사람들은 종종 난민 캠프까지 오기 위해 티그레, 볼로, 초아 지방의 고원을 몇 주일에 걸쳐 걸어서 횡단하지. 얼마나 많은 사람들이 도중에 목숨을 잃는지 알 수가 없단다. 그 숫자는 결코 가늠할 수가 없어. 에티오피아 국내에 의사 40명과 간호사, 조종사, 운전사, 비행기 1대(헤라클레스 형), 그리고 수십 대의 트럭을 상주시킨 국제적십자측 대변인인 프레데릭 슈타이네만은 1년에 100만 명 이상이 피난길에 목숨을 잃는 것으로 추정했지.

아고르다드에서 아빠에게 그토록 충격을 준 그런 선별작업

은 예외적인 것이었나요? 아니면 다른 곳에서도?

　아빠는 중앙고원의 마칼레와 코렘 같은 곳에서도 난민 캠프를 보았단다. 땅속에 파놓은 큰 구덩이 위에는 더러운 비닐이 쳐져 있었는데, 그 안에 20~30명의 앙상하게 마른 사람들이 모여 있었어. 눈길이 닿는 주변 산비탈과 언덕마다 이런 임시숙소들이 펼쳐져 있었어. 난민 캠프에 공식적으로 등록이 된 사람은 손목에 비닐밴드가 채워져 있었고, 매일 식량배급을 받을 수 있었지. 하지만 그 외에도 많은 사람들, 무엇보다 아이들은 비닐팔찌가 없었어.

　마칼레와 코렘에서도 아고르다드와 똑같은 선별작업이 행해지고 있었단다. 그곳 의료진은 난민들의 상태를 보고 그들이 살아날 가망이 있는지, 별로 가망이 없는지를 판단했어. 정말 무자비한 선별작업이었지. 하지만 어쩔 수 없었어. 모두에게 배급하기에는 식량과 정맥주사, 비타민제, 프로테인이 충분하지 않았거든. 그래서 몸과 뇌가 아직 치료가 불가능할 정도로 손상되지 않은 사람들을 우선적으로 구하고자 노력했어.

　비쩍 마른 손목에 비닐밴드를 두른 엄마와 아기는 그 다음날 식량배급을 받으러 왔겠지. 하지만 간호사가 돌려보내야만 하는 사람들은……. 이렇게 선별작업을 해야 하는 간호사의 마음이 어떨지 상상해볼 수 있겠니? 간호사는 엄마들에게 이렇게 말해야만 해. "댁의 아이는 너무 약하고, 우리의 배급량은 너무 빠듯해요. 그래서 아이에게 손목밴드를 줄 수가 없어요." 그럴 때 엄마의 마음은 어떻겠니? 아빠가 15년 전 아고르다드에서 본 이런 광경은 지금도 매일 아침, 차드에서 수단까지, 시에라리온에서 소말리아까지, 아니 제3세계 거의 모든 지역의 수백 개 병원과 난민 캠프 입구에서 되풀이되고 있단다.

6
긴급구호로 문제해결?

그런 '경제적 기아'를 해결하는 것은 간단한 일 아닐까요?
그 사람들에게 되도록 신속하게 충분한 식량을 배급하면
되잖아요!

생각 같지 않아. 대개 '경제적 기아'의 희생자들은 뒤늦
게 구호단체에 보고되는 경우가 많단다. 제3세계의 많은 정부
들이 자신의 나라가 처한 상황을 오랫동안 외부에 알리지 않
은 경우가 많거든. 쓸데없는 자존심에서 그러는 경우도 있는
데, 보통은 행정기관이 사태파악을 소홀히한 탓이지. 그리고
뉴욕, 로마, 파리, 베를린, 마드리드, 런던, 제네바 등에 본부를
둔 국제지원조직이 뒤늦게나마 기아의 실태를 파악하고 긴급
구호체제에 돌입했다고 해도, 실제로 구호품과 해당 인력이
현지에 도착하기까지는 상당한 시간이 걸린단다.

하지만 그래도 극복할 수 없는 문제들은 아니잖아요!

그렇지. 하지만 또 다른 문제가 있어. 긴급구호는 쉬운 일이 아니고, 아주 잘 훈련된 인력이 있어야 한다는 거야. 영양불량이 심각한 상태에 있는 아이들은 면밀한 계획에 따라 신중하게 치료해야 해. 굶주린 사람들에게 무턱대고 먹을 것을 주면 오히려 위험하단다. 자칫 생명을 앗아버리는 일이 될 수도 있지. 굶주림에 시달린 몸은 몹시 쇠약해져 있어서, 구호센터에 모습을 드러낼 즈음에는 신진대사가 극도로 악화되어 있는 경우가 많단다.

그래서 특별한 조치가 필요하지. 소화기관이 너무 약해져 있는 경우에는 정맥에 영양주사를 놓아야 한단다. 그런 다음 경험 많은 의료진의 처방에 따라 기력을 차츰차츰 회복시켜야 하지. 기본적인 신체기능을 서서히 다시 작동시켜야 하거든. 이 모든 일은 정확한 진단과 신중한 처방에 따라야 하고, 보통 3~4주가 걸린단다.

의료진의 관리가 제대로 이루어진다고 해도 위험할 수 있어. 심각한 영양실조에 걸린 아이들에게는 대개 분유를 물에 타서 먹이는데, 이 우유에는 설탕, 비타민, 미네랄이 들어 있지. 그런데 쇠약해진 몸에는 설탕이 오히려 부담을 주는 경우도 있고, 또 우유는 물에 들어 있는 박테리아를 더 번식시킬 수도 있단다.

그래서 잘못된 진단과 약해진 몸에 맞지 않는 무분별한
영양공급은 아주 위험하지.

얼마 전에 프랑스의 유명한 잡지에서 눈에 띄는 사진들
을 보았어. 식료품을 실은 비행기가 수단 남부의 관목지대 위
를 낮게 날면서 그 화물을 연신 떨어뜨리는 사진, 그리고 바싹
마른 덤불 속에서 거의 다 죽어가는 사람들이 나타나 화물 쪽
으로 몰려드는 장면이었지. 사진설명에는 "드디어 구호의 손
길이 수단에 닿다!"라고 적혀 있었어. 정말 현실과는 동떨어진
사진들이지. 하지만 실제 구호활동은 그런 장면과는 크게 다
르단다. 전문 의료지식을 바탕으로 대단히 면밀하게 이루어지
거든.

7
부자들의 쓰레기는 가난한 사람들의 먹을거리

'구조적 기아'에 대해서도 자세히 설명해주세요!

'구조적 기아'를 정의하기는 더 어려워. 굶주린 사람들이 먹을 것을 찾아 끝도 없이 헤매거나, 뼈와 거죽만 남은 여자들이 불쌍한 아이를 안고 난민 캠프 앞에 길게 줄을 서는 현상으로 나타나지 않기 때문이지. 아프리카, 아시아, 라틴아메리카에서 수십만 명의 아이들이 비타민A 부족으로 시력을 잃는 근본적인 이유도 바로 '구조적 기아'에 있어. 아프리카에서 매년 16만 5,000명의 여성이 아이를 낳다가 죽어가는 이유도 바로 '구조적 기아'에 있어. 체력이 너무 약해져서 사소한 감염증에도 대항할 수 없기 때문이지. '구조적 기아'는 또 선진국에는 없거나 이미 오래전에 퇴치된 전염병이나 질병이 창궐하는 것으로도 드러난단다. 예를 들어 크와시오르코르(쇠약증)나 기생충감염증 같은 것도 그런 거야. 크와시오르코르는 사람의 신체를 서서히 손상시키는 질병으로 주로 어린아이들에게 찾아오는데, 이 병에 걸리면 성장이 멈추게 되지. 처음에는 머리카락이 붉어지다가 나중에는 점차 빠지면서 배도 불러오고, 이가 흔들리다가 빠지게 되고. 이런 식으로 서서히 죽어가게 된단다. 또 다른 문제는 제3세계의 많은 사람들을 속에서 갉아먹는 기생충들이야. 혹시 남아시아나 아프리카, 페루, 브라질 등의 대도시 주변에 쌓여 있는 쓰레기 더미를 사진으로라도 본 적이 있니? 도시의 부자들이 내다버린 쓰레기 더미들 말이야. 날이 밝으면 굶주린 사람들이 그 위로 몰려가 날카로운 곡괭이로 쓰레기를 뒤진단다. 고기 조각이나 동물의 시체, 빵조각, 반쯤 썩은 채소, 말라 비틀어진 과일 등을 발견하면 가지고 다니는 비닐봉지에 담지. 이렇게 구한 먹을거리를 빈민가에 사는 가족들에게 가지고 가는 거야. 그들은 이런 식으로 하루하루를 연명하고 있단다. 하지만 그런 것들이 곧 그들의 몸을 공격하지. 무엇보다도 기생충이 주범이야.

　아빠가 연구실에 붙여놓은 사진 기억나니? 누더기 차림에 슬픈 눈을 한 맨발의 두 사내아이가 쓰레기 더미 앞에 쪼그리고 있는 사진 말이야. 촬영지는 필리핀 수도 마닐라의 한 쓰레기장이지. 어디선가 연기가 모락모락 피어오르는 이런 쓰레기 산을 현지에서는 '스모키 마운틴'이라 부른단다. 이런 쓰레기 더미 옆에는 파야타스라고 불리는 빈민촌이 들어서 있는데, 300헥타르쯤 되는 이곳에는 30만 명이 거주하고 있고 그

중 4분의 3이 실업자야. 이곳은 공기가 나쁘고 물도 오염이 심하단다. 쥐나 모기가 들끓고, 비가 자주 내리고 습기가 많아 폐병이나 피부병이 심하지. 기생충이나 수막염 피해도 크고. 그래서 사람들은 술이나 마약이나 주술사 따위에서 위안을 찾는단다.

　　세계 곳곳에서 수백만의 빈민이 부자들의 쓰레기로 연명하고 있지. 이런 상황을 알려주는 책들도 많이 나와 있어. 사회학자들이 이런 먹을거리 순환을 많이 연구했거든. 한 예로 마닐라의 쓰레기장에서 매일 아침 벌어지는 일을 알고 싶거든 장 달래의 책을 읽어보려무나.

네, 그럴게요.

　　하긴 굳이 읽어볼 필요도 없겠다. 네 엄마가 이집트 분이라서 너는 어렸을 때 곧잘 카이로의 외가에서 지냈잖니. 카이로에는 묘지가 아주 많은데, 우리가 자주 산책했던 마멜루크 요새 부근에도 커다란 공동묘지가 있었어. 파윰, 심지어 수단에서까지 온 부랑민들이 그 묘지에서 살고 있었지. 대리석 묘에 판자와 비닐로 얼기설기 움막을 치고는 나뭇가지로 불을 피워 초라한 식사를 준비했지. 여성과 아이들은 근처의 공공 쓰레기 처리장에서 먹을 것을 주워왔어. 매일 아침 헬리오폴리스나 그 밖의 상류층 주거지에서 오는 쓰레기차가 버리고 가는 음식 쓰레기들을 뒤져서 말이야. 정부 관료나 군 장성, 부유한 상인이나 금융가 등의 고급주택에서 버리는 쓰레기들이었지. 그들의 사치스런 연회에서 먹고 남은 음식이 쓰레기로 나오면, 사막의 건조한 공기가 그 음식들이 상하지 않게 보존해주는 거야. 묘지에 사는 수만 명의 이주민들에게 부자들의 쓰레기는 매일의 양식이지. 네가 어릴 적 카이로에서 산책하며 보았던 광경만 떠올려도 될 거다. 조금씩 차이는 있지만 세계 어디서나 그런 광경이 연출되고 있지. 기생충이 들어 있을지도 모르는 음식 쓰레기로 연명해야 하다니…….

카림, 그런데 더욱 비참한 것은 배고픔의 저주가 세대에서 세대로 대물림된다는 거야. 심각한 영양실조에 걸린 수백만의 엄마들이 매년 지구 곳곳에서 수백만의 건강하지 않은 아이들을 낳고 있어.

8
이름도 없는 작은 이들의 무덤

'구조적 기아'를 해결하는 일이 왜 그렇게 힘든 거죠?

　이 문제를 제대로 파악하려면 여러 가지 것들을 생각해야 한다. 어린아이들의 탈수증과 위험한 설사도 거기에 속하지. 기력이 떨어진 불쌍한 엄마들은 아기에게 줄 젖이 충분하지 않은 경우가 많고, 설령 충분하게 나온다고 해도 영양분이 대단히 부족해. 그래서 갓 태어난 아기는 며칠이 못 되어 고통스런 생존을 마감해야 하지.

　브라질 세아라 주의 크라테우스라는 곳을 방문했을 때의 일인데, 그곳에서 아빠는 가톨릭교회의 묘지 옆에 작은 봉분들로 뒤덮인 넓은 지대를 본 적이 있어. 아빠에게 숙식을 제공한 농가의 한 친구는 그곳을 가리키며 '이름도 없는 이들의 묘'라고 말했지. 태어난 지 며칠 혹은 몇 주 되지 않아 배고픔과 쇠약, 설사, 탈수 등으로 숨진 이름 없는 아기들의 무덤이라는 거야.

법적으로는 출생신고를 하는 것이 의무지만 그 아기들의 부모는 너무 가난해서 그럴 형편이 못 돼. 출생신고를 하려면 1~2레알을 내야 하거든. 그래서 아기가 죽으면 부모나 다른 가족이 죽은 아기의 유해를 '이름도 없는 작은 이들의 묘'에 묻는다는 거야.

어떤 의식도 없이 그냥 묻어요?

크라테우스는 그래도 브라질 북동부의 다른 마을들에 비하면 조금 나은 편이야. 크라테우스의 돈 프라고소 신부는 주둔부대의 장교들이 심하게 항의하는데도 불구하고 아기들의 흙무덤에 유칼립투스 나무로 작은 십자가를 세울 수 있도록 하고 있거든. 비록 법을 어기는 일이긴 하지만 말이야.

세계에는 그런 '이름도 없는 작은 이들의 무덤'이 무척 많은가요?

1분에 250명의 아기가 이 지구상에 새로이 태어나는데, 그 중 197명이 이른바 제3세계라 불리는 122개 나라에서 태어난단다. 그리고 그들 중 많은 수가 곧 이런 '이름도 없는 작은 이들의 묘'에 묻히는 운명을 맞는 거야.

레지 드브레(프랑스의 철학자)는 이들을 가리켜 "나면서부터 십자가에 못 박힌 아이들"이라고 표현했어.

9
자금부족으로 고민하는 국제기구

그런데 전세계에 식량을 공평하게 분배하는 것이 부유한 나라나 국제기구의 역할 아닌가요?

유감스럽게도 국제기구는 그렇게 전능하지가 않아. 그들은 부가 넘쳐나는 세계에서 거의 만성적인 자금부족에 시달리고 있지. 아빠는 1998년 9월에 카프카스 산맥 남쪽의 그루지아 공화국에 가 있었단다. 트빌리시라는 곳이었지. 이 광활하고 전통 있는 나라는 두 차례의 내전으로 갈기갈기 찢긴 상태였어. 남오세티아와 아브하지아, 이 두 지역이 독립을 선언했지. 현재 세바르나제가 이끄는 중앙정부는 분리주의자들을 굴복시키려고 노력하고 있어. 그에 따라 수만 명의 피난민이 생기고 있지. 하지만 구소련의 굴레에서 막 벗어난 그루지야는 이들 피난민을 부양할 식량이 없어.

이런 곳에서 특히 세계식량계획(WFP)같은 조직이 피난민들의 생존에 결정적인 역할을 하고 있어. 1963년에 창설된

이 기구는 FAO의 관련조직으로서 활동하고 있단다.

세계식량계획은 무슨 일을 하고 있어요?

　　세계식량계획은 식량이 부족한 나라들에서 활동하고 있어. 처음에는 주로 유럽이나 미국 등으로부터 남아도는 식량을 지원받았지. 그러다가 활동방식이 점차 바뀌어서, 이제는 지원국들이 자금을 지원하면, 그 돈으로 식량이 부족한 나라의 이웃나라에서 남아도는 식량을 사들여 지원하는 방식으로 일하고 있지.

　　초기의 방식은 문제점이 있었거든. 이를테면 스위스가 남아도는 치즈를 세계식량계획에 보냈다고 해봐. 그러면 그것을 식량이 부족한 나라에 분배해야 하는데, 그 나라는 치즈를 먹지 않는 나라인 거야. 또 미국에서 여분의 밀가루를 지원받았다고 해봐. 하지만 도와주어야 할 나라는 전통적으로 쌀을 주식으로 하는 나라인데 어쩌겠어.

　　현재 세계식량계획의 사무총장을 맡고 있는 사람은 미국의 캐서린 버티니라는 역량 있는 여성이야(그 후에는 제임스 T. 모리스). 이 조직은 전세계에 80개의 사무국을 두고 산하에 약 2,000명의 직원을 두고 있지. 그 중 약 800명은 로마에 있는 본부에서 활동하고 있고.

대단히 면밀한 규칙에 따라 운영되고 있단다. 자금의 3분의 2는 긴급구호에 사용되고, 나머지 3분의 1은 다른 용도에 전환되고 있어. 세계식량계획은 당사국 정부와 조정을 벌여, 그 나라가 필요로 하는 인프라 정비에 함께 나서는 경우가 많거든.

예를 들어 그루지야에서는 농민들이 내전으로 피난을 가는 바람에 차 농사를 버려둘 수밖에 없었는데, 그것을 재개하는 데 필요한 자금을 세계식량계획이 지원하고 있어. 난민이 된 농민들은 이 부흥 프로젝트에 참여해서, 돈이 아니라 쌀이나 밀, 분유로 보수를 받는단다.

이 프로젝트가 성공한 덕분에, 1997년 이후의 난민 가운데 수만 명이 지금은 거의 정상적인 영양상태를 보이고 있다는구나.

하지만 그루지야에서의 지원활동을 중단해야 한다면서요?

그렇단다. 그 점이 바로 국제기구의 한계를 보여주는 예이지. 아무리 효율적인 국제조직이라도 종종 그들의 영향권 밖에 있는 일들로 인해 활동이 실패로 돌아가기도 하거든. 트빌리시에 머무는 동안 아빠는 세계식량계획에 근무하는 요세프 A. 살리에르라는 유능한 스위스인을 만났어. 그는 벽에 걸려 있는 커다란 지도에서 그루지야의 피난민들이 거주했던 지역을 가리키더구나. 그 가운데 그루지야 서부 국경의 멩그렐리엔과 주그디디 같은 지역은 아빠도 이미 가본 적이 있는 곳이었지. 그가 말했어. "끝났어요. 난 로마로부터 프로그램을 중단하라는 지시를 받았어요."

어안이 벙벙해진 아빠의 눈길에 그는 이렇게 덧붙였지. "이유는 간단해요. 여기보다는 소말리아나 수단 남부의 상태가 더 열악하거든요. 세계식량계획은 자금이 부족하고요. 그래서 로마의 지도부는 두 나라를 돕는 데 집중하기로 결정했지요." 이런 조치는 카프카스 남부의 난민시설과 실향민들에 대한 인도적 지원이 끝났다는 것을 의미했지.

잠깐만요! 조금 전에 세계식량계획의 사무총장이 미국 여성이라고 하셨잖아요. 부자로 사는 미국인들이 식량을 조금 더 사서 소말리아와 수단 남부 사람들을 지원하고 카프카스의 피난민들도 도와주면 될 텐데요?

좋은 질문이구나. 하지만 지원국들, 특히 미국, 프랑스 독일 같은 나라가 국가예산에서 세계식량계획을 위해 얼마간의 추가지출을 결정했다고 해도 문제는 그렇게 간단히 해결되지 않아. 수확기가 지난 후 세계의 곡물시장에서 사들일 수 있는 식량은 제한되어 있거든.

10
소는 배를 채우고, 사람은 굶는다?

그게 무슨 말씀이에요? 왜 세계시장에는 충분한 곡물이 없다는 거죠?

카림, 너 혹시 전세계에서 수확되는 옥수수의 4분의 1을 부유한 나라의 소들이 먹고 있다는 사실을 알고 있니? 선진국에서는 고기를 너무 많이 먹거나 해서 영양과잉 질병으로 사망하는 사람들이 늘고 있는데, 거꾸로 다른 쪽에서는 수많은 사람들이 영양실조로 굶어죽고 있어.

이해가 안 가요. 우리 마을에서는 소들이 목초지에서 풀을 뜯잖아요. 여름이면 주라 산지의 초원에서 풀을 뜯고요. 소들이 왜 곡물을 먹어요?

우리 제네바 주에서는 전통적인 낙농법을 따르기 때문

이란다. 하지만 미국은 아주 달라. 소들은 과학적인 근거를 갖는 방법으로 비육되지. 그래서 소들이 먹어치우는 곡물이 연간 50만 톤에 달한단다. 미국 중서부나 캘리포니아 주에서는 소들이 온도조절이 되는 '피드 롯'이라는 거대한 시설에서 사육되는데, 일정한 시간이 지나면 자동적으로 곡물사료가 주어지는 시스템이 되어 있다는구나.

물론 소들은 움직일 수가 없지. 정해진 공간 내에서 그저 질서정연하게 서 있을 뿐이야. 이런 비육축사 한 곳에만 1만 마리 이상의 소들이 수용되어 있단다.

프랑스의 르네 두몽이라는 농학자가 연구한 바로는, 캘리포니아에 있는 피드 롯의 절반에서 연간 소비되는 옥수수의 양이, 옥수수를 주식으로 하면서도 만성적인 기아에 허덕이고 있는 잠비아 같은 나라의 연간 필요량보다 더 많다는 계산이 나왔어.

그러니까 세계시장에는 곡식이 모자라는 모양이군요. 그래서 세계식량계획은 식량을 마음대로 확보하지 못하는 건가요?

그것은 반쪽짜리 진실이야. 또 다른 문제는 세계시장에 비축된 식량의 가격이 종종 인위적으로 부풀려진다는 데 있어. 세계시장에서 거래되는 거의 모든 농산품 가격이 투기의 영향을 받는다는 것은 알고 있니? 미국 시카고의 미시간 호숫가에는 위압적인 건물이 솟아 있어. 바로 시카고 곡물거래소야. 세계의 주요 농산물이 거래되는 곳이지. 이곳에서는 몇몇 금융자본가들이 좌지우지하고 있어. 사실 거래는 몇 안 되는 거물급 곡물상의 손에서 결정돼. 그들은 몇 사람 안 되지만 엄청난 권력을 행사하고 있지. 앙드레 S.A.(스위스), 컨티넨털 그레인(미국), 카길 인터내셔널(미국), 루이 드레퓌스(프랑스) 등이야. 그들의 상업함대가 세계의 바다를 누비며 전세계 곡물의 매매가를 결정하고 있단다. 토마스 상카라(나중에 언급)는 그들 곡물 메이저를 '화이트칼라 강도들'이라고 부르기도 했지.

　　　신문의 경제면을 들추면 시카고 거래소에서 거래되는 콩, 옥수수, 귀리, 기장, 밀, 쌀, 보리, 고구마, 카사버 같은 곡물들의 시장 거래가격을 볼 수 있을 거야.

11
시장가격의 이면

국제적인 거래가격은 어떻게 정해져요?

물론 이른바 수요와 공급의 법칙에 따라 정해진단다. 그러나 또한 일부 곡물 메이저와 그 밑의 투기꾼들의 조작을 통해서도 결정돼. 덤핑 전략이나, 또는 반대로 시장에서 상품을 거두어들이는 전략을 통해서 말이야. 투기꾼들이 갑자기 시장에 대량의 곡물을 방출하면 가격이 무너져 덤핑 효과가 나타나고, 반대로 곡물을 사재기하여 인위적인 품귀현상을 불러일으키면 가격이 오르게 되지. 투기꾼들은 대량의 곡물을 곡물저장탑(사일로)에 보관한단다. 가격은 단 한 가지 원칙에 복종해. 바로 이윤극대화라는 원칙이지. 시카고 거래소를 주름잡는 사람들은 차드, 에티오피아, 아이티 같은 가난한 나라의 정부가 높은 가격을 감당할 수 있을지 따위는 눈곱만큼도 고려하지 않아. 그들이 원하는 것은 오직 매주 수백만 달러를 더 벌어들이는 것이지. 배고픈 자들의 고통? 맙소사, 그들을 위해서는 유엔이 있고 국제적십자가 있잖아 하는 식이란다.

그래서 너도 알 수 있듯이 중요한 것은 첫째는 수확량이고, 둘째는 시카고 거래소의 투기꾼들이 유엔이나 세계식량계획, 여러 인도적 지원단체, 그리고 만성적인 기아에 시달리는 나라에 제시하는 곡물가격이야.

그 시장이 어떻게 돌아가는지 아직도 잘 이해가 가지 않아요.

세계시장에서 식량의 가격은 아주 복잡한 메커니즘에 따라 정해진단다. 수전 조지(미국의 사회학자)나 요아힘 폰 브라운(경제학자로 국제식량정책연구소 소장), 그 밖의 많은 학자들이 그 구조를 연구하고 있어. 일반적으로는 수확량, 수송경비의 변동, 투기적 거래, 세계시장의 수요 같은 요소가 세계식량가격의 형성에 큰 영향을 미치는 것으로 보고 있지.

요아힘 폰 브라운은 1996년의 경우를 분석했단다. 1996년 초에 갑자기 곡물이 품귀현상을 빚었지. 그 전에는 곡물저장탑의 재고가 세계 필요량의 80일분을 감당할 수 있는 양이었다면, 이 무렵의 저장량은 세계 필요량을 53일간 감당할 수 있는 양이었어. 그러자 이런 상황이 당장 반영되면서 가격이 급등했지.

이런 상황에서 자기 나라의 최소한의 필요량을 구매해야 하는 제3세계 정부관계자들의 생각은 어떠했겠어? 그리고 전세계 수백만의 난민과 실향민들을 먹여 살려야 하는 세계식량계획이나 그 밖의 국제조직들이 얼마나 난감한 상황에 처했을지 상상할 수 있겠니?

12
세계에서 식량을 가장 쓸모없게 만드는 남자

이해가 가지 않아요. 텔레비전에서 브뤼셀과 그 밖의 유럽 도시에서 농민들이 농가수입의 감소와 농산물의 과잉생산에 반대하는 시위를 하는 것을 본 적이 있어요. 농산물이 그렇게 남아돈다면 부자 나라들은 곡물창고에 쌓아둔 곡물들을 다 어떻게 하고 있는 건가요?

부유한 나라들은 식량을 대량으로 폐기처분하거나, 법률이나 그 밖의 조치를 통해 농산물의 생산을 크게 제한하고 있어. 생산자들에게 최저가격을 보장한다는 것이 그 이유란다.

우리 주변의 예를 들어보자! 게이노 씨 일가는 유능한 목축업자들이야. 그들이 사육하는 뿔이 매끈하고 등이 곧은 그뤼에르 종 얼룩소는 제네바 일대에서 단연 으뜸이지. 하지만 게이노 씨는 이를 악물고 착유량을 제한해야 해. 법으로 정해져 있기 때문이지. 국가는 그에게 일정한 할당량을 정해주고는 그것을 초과해서 우유를 짜게 되면 많은 벌금을 물게 해. 프랑스, 이탈리아, 독일의 목축업자들이 다 마찬가지란다.

몇 천 마리의 소가 도살당했다는 이야기도 들었는데요.

그것은 끔찍한 크로이츠펠트야코프 병과 관계가 있단다. 가격보장을 위해 40만 마리의 건강한 소를 도살하여 불태우겠다는 결정은 독일과 유럽의 농업정책, 그리고 세계 식량정책의 불합리성을 극명하게 보여주고 있어. 유럽연합 농업장관 회의는 전체 회원국에 걸쳐 적어도 200만 마리에 달하는 건강한 동물들의 대량도살을 계획하고 있지.

유럽연합 농업담당 집행위원은 프란츠 피슐러라는 티롤 지방 출신의 농업기술자야. 이 사람은 시장상황이나 농민들의 심리를 누구보다도 잘 알고 있단다. 유럽연합도 신뢰하는 그의 통계는 아주 신중한 평가에 기초하고 있지. 그는 육류 소비가 10~12퍼센트 줄어들 것으로 예상하면서 2001년 말 식육 과잉생산이 80~100만 톤에 달할 것으로 보고 있어. 다른 전문가들은 소비가 심지어 27퍼센트까지 줄어들 것으로 예상하고 있고.

광우병 위기가 크로이츠펠트야코프 병에 대한 소비자들의 공포로 이어졌고, 유럽 전역에서 소비의 대량위축 사태가 빚어졌지. 게다가 수출제한까지 말이야. 그러면서 팔리지 않은 쇠고기가 산처럼 쌓이게 되었단다.

    그 결과 유럽은 식량을 폐기처분하고 있는 거야. 남반구에서는 식량이 없어 사람들이 부지기수로 굶어 죽어가고 있는데 말이야.

피슐러는 왜 남아도는 식량을 아프리카나 브라질의 굶주리는 아이들에게 보내지 않지요?

    유럽연합은 나름의 논리를 따르고 있어. 자국의 농민들을 살려야 하고, 그 때문에 농산물가격을 높게 유지해야 해. 배고픈 사람들을 돕는 것은 FAO나 WFP의 과제일 따름이지. 하지만 이들 국제기구는 우선적으로 긴급한 지역만 도울 수 있을 뿐이야. 8억 이상이 고통을 받고 있는 '구조적 기아', 심각한 만성적 영양실조에 대해서는 아무것도 할 수가 없어. 식량의 가격이나 생산량의 결정, 그리고 식량의 공평한 분배 등에 대해 FAO나 WFP는 그야말로 속수무책이야. 세계시장만이 힘을 가지고 있지. 그리고 그 시장은 아주 잔인하단다.

13
기아에 관해 가르치지 않는 학교

그런데 왜 학교에서는 이런 기아 상황에 대해 가르쳐주지 않을까요? 왜 고통을 겪고 있는 사람들에 대해, 그리고 인위적으로 가격을 올려 가난한 사람들이 식량을 사지 못하게 만드는 거래소 투기에 대해 입을 다물고 있지요?

아빠한테도 그것은 수수께끼란다. 교사들은 대개 참여적인 성향의 사람들이라서, 제3세계의 기아문제에 무관심할 수 없을 텐데 말이야. 굶주림에 허덕이는 나라를 돕기 위한 모금활동이 벌어질 때면 교사들은 그 문제에 대해 학생들을 일깨울 수도 있을 거야. 그런데도 정규 수업시간에 전쟁보다 더 많은 목숨을 앗아가는 기아에 대해 가르치는 학교가 있다는 이야기를 들어본 적이 없구나. 기아상황을 파악하고 그 원인을 분석하고 어떤 수단으로 극복할 수 있을지 토론하는 수업 같은 것은 이루어지고 있지 않아.

여기서 국제문제 전문가들의 발언은 제대로 맞아떨어지지. 전문가들은 1998년 FAO 결산보고에서 "하나의 전선에서 이룬 승리는 다른 전선의 패배로 인해 수포로 돌아간다"고 했어.

뜬구름 잡는 식의 정서적인 대응은 별로 도움이 되지 않아. 배고픔은 다양한 방식으로 공격을 가하고 있어. 기아와 그 끔찍한 결과는 세부적이고 정확한 분석을 필요로 해. 하지만 학교는 침묵하고 있어. 그들은 마땅히 해야 할 바를 하지 않고 있지. 그런 탓에 학생들은 모호한 이상이나 현실과 동떨어진 인간애를 가지고 졸업할 뿐, 기아를 초래하는 구체적인 원인과 그 끔찍한 결과에 대해서는 제대로 알지 못한단다.

학교에서는 기아문제를 가르치는 일이 금기로 여겨지고 있는 건가요?

맞아. 일종의 터부로 여겨지지. 이런 현상은 오래도록 지속되어 왔단다. 브라질의 조슈에 데 카스트로(전 FAO 이사회 의장)는 1952년에 이미 자신의 유명한 저서 『기아의 지리학』에서 이 '금기시되는 기아'를 언급했지. 그의 설명은 무척 흥미로워. 사람들이 기아의 실태를 아는 것을 대단히 부끄럽게 여긴다는 거야. 그래서 그 지식 위에 침묵의 외투를 걸친다는 거야. 오늘날 학교와 정부와 대다수 시민들도 이런 수치심을 가지고 있단다.

FAO의 보고서는 아무나 읽을 수 있나요?

물론이지! 기아에 맞서 싸우는 사람들이 가장 바라는 게 있다면 자신들이 알고 있는 것을 다른 사람들과 공유하는 거야. 보고서를 읽고 싶으면 다음 주소로 편지를 쓰기만 하면 돼.

FAO, Viale delle Terme di Caracalla 1, Roma 00153,
Italia/ Tel.: 003906/57051/ Fax.: 003906/57053152/
http://vvvvv.fao.org

물론 FAO도 완벽하게 파악하고 있지는 못하지. 당사자들이 아니니까 말이야. 더구나 FAO 역시 어쩔 수 없는 정치적 조직이야. 되도록 자기네 직원들의 전문적인 능력을 키워주고 싶어하지.

FAO는 유엔이 창립총회를 가진 지 6개월 만인 1945년 10월에 창설되었어. 오늘날 세계 183개국이 이 기구에 가입되어 있지. FAO는 회원국, 특히 선진국들의 지원으로 운영되고 있어. 1999년 현재 미국이 25퍼센트, 일본이 18퍼센트, 프랑스와 독일이 각각 약 10퍼센트의 지원 부담을 지고 있고, 스페인과 캐나다가 각각 3퍼센트, 스위스, 오스트레일리아, 브라질이 각각 2퍼센트를 부담하고 있지. FAO는 〈World Food Surveys〉라는 세계적으로 잘 알려진 자료를 공표하고 있는데, 기아의 실태를 조금은 덜 심각하게 보거나 약간의 낙관주의를 확산시키려 한다는 사실을 알아둘 필요가 있어.

왜요?

대규모 지원국은 대체로 민주주의 국가들이야. 그런 나라들에서 여론은 아주 결정적인 역할을 하지. 그래서 FAO는 미래를 낙관적으로 전망하는 수밖에 없단다. 그렇게 하지 않으면 FAO에 지원하는 것이 쓸데없는 일로 여겨져, 부유한 나라들이 좀처럼 상당한 액수의 자금을 지원하려 들지 않을 테니까 말이야. 그러니까 그런 식으로 현실을 미화할 수밖에 없어.

어떻게 미화하는데요?

이를테면 정기적인 결산보고서에 낙관적인 표현으로 포장을 하지. 예를 들어 〈World Food Surveys〉의 1974년판에서는 "10년 후가 되면 지구상의 어떤 사람도 고픈 배를 부여잡고 잠자리에 들지 않을 것이다"라는 선언으로 끝을 맺고 있어. 그리고 1996년에 FAO 주최로 로마에서 열린 제1회 세계식량 서미트에서는 "2015년까지는 지구상의 기아인구를 절반으로 줄이기 위한 모든 조치가 취해질 것이다"라고 했단다. 하지만 1974년의 예언은 그 반대로 나타났어. 굶는 사람의 수는 도리어 증가했지. 1996년의 예상도 빗나갈 위험이 있고.

14
설상가상의 전쟁

하지만 기아의 원인이 자연재해나 정치부패, 시장가격 조작에만 있는 것은 아니겠지요?

전쟁도 커다란 원인이지. 특히 아프리카 대륙을 휩쓰는 내전은 참으로 끔찍하단다. 2000년 기준으로 아프리카 인구는 세계 인구의 15퍼센트에도 못 미쳐. 그런데도 기아 인구의 25퍼센트 이상이 아프리카에 집중되어 있지.

그렇다면 전쟁은 왜 일어나지요?

많은 복잡한 이유들이 있단다. 인종간의 갈등, 다이아몬드나 금, 석유와 같은 토착자원을 독점하고픈 욕망 등등. 때로는 국제적인 금융 그룹이나 국제기업 등의 외부세력이 개입해서 은밀히 그 지역의 전쟁지도자에게 무기를 대주거나, 용병을 고용할 수 있도록 자금을 대주기도 하지.

요즈음 수단 남부, 라이베리아, 킨샤사, 브라자빌, 앙골라, 차드, 부룬디, 시에라리온에서 벌어지고 있는 일들을 봐라! 끔찍한 전쟁이 이들 나라를 휩쓸고 있어. 전세계적으로 외부의 식량원조가 필요한 정치난민 2,500만 명 중 반수가 아프리카의 난민 캠프에서 목숨을 부지하고 있어. 또 정치난민과 구분되는 실향민들도 많아. 이들은 전쟁으로 인해 집과 밭, 가축을 잃고 고향을 등졌지만 국경을 넘지는 않은 사람들을 말한단다. 전세계적으로 실향민의 수는 3,000만 명이 넘지. 그중 반수가 아프리카에서 간신히 목숨을 잇고 있어. 1970년에서 1999년 사이에 아프리카에서만 43차례의 전쟁이 벌어졌고, 이들 전쟁은 심각한 기아를 초래했지.

전쟁은 정말 나쁜 거예요!

그렇지. 아프리카에서 벌어진 많은 전쟁은 상상을 초월할 정도로 끔찍하고 잔인해. 서아프리카에 있는 시에라리온의 예를 들어보자. 이 나라의 인구는 약 500만 명으로, 대개 삼림지대나 사바나, 해안 근처에 거주하고 있지. 쌀이나 채소, 땅콩을 재배하며 겨우 살아가고 있고, 나라를 지탱하는 산업은 수공예 정도밖에 없어.

그런데 1997년에 수도 프리타운에서 군사쿠데타가 일

어나, 민주적인 선거로 선출되었던 아흐마드 테잔 카바 대통령을 축출했지. 반란군을 이끈 사람은 포데이 산코라였는데, 프로테스탄트 사상에 범아프리카주의와 모택동주의를 섞은 듯한 주장을 설파하는 정신 나간 사람이었어. 카바 민주정부는 이웃나라들에 지원을 요청했고, 결국 나이지리아 군대의 도움을 받아 수도를 탈환했지. 이어 새로운 선거에서 민주정부가 다시 수립되었고. 하지만 축출된 산코를 따르는 반정부 그룹인 '혁명연합전선'은 거기서 멈추지 않았어. 게릴라전을 벌이며 무고한 농민들을 마을의 광장으로 몰아놓고는 그들의 손목을 잘랐단다. "너희들은 테잔 카바를 원했지. 너희들은 우리를 몰아냈어. 이제 어디 그 대가를 치러봐라!"는 폭언을 퍼부으면서 말이야.

농민들이 전쟁의 희생양이 되었군요!

맞아. 그렇게 손목이 잘린 농민들은 대부분 얼마 못 가서 굶어죽게 되지. 손 없이 어떻게 밭일을 할 수 있겠니?

그런 내전을 끝낼 수는 없나요?

누가 그럴 수 있겠니? 다국적 군대의 개입으로? 1990년 쿠웨이트에서처럼? 가능하지. 그러나 쿠웨이트와 그 석유

는 서방 강대국의 경제에 대단히 중요하지만, 아프리카 내전
은 선진국들에게는 별로 중요하지 않다는 데 문제가 있지.

전쟁으로 도로가 끊기면 국제 원조물자의 운송과 배급
이 제대로 이루어지지 못해서 기아상황이 더욱 심각해진단다.
1998년 12월 28일 포르투갈의 통신사(LUSA)는 다음과 같은
뉴스를 전했어. 그 내용은 다시 AP통신의 보도로 세계에 널리
알려졌지. 유엔 직원 등 14명을 태운 유엔 소속 C-130 수송기
가 앙골라 남서부의 우암보 공항을 출발해 수도 루안다로 향
했어. 그곳은 벌써 23년 넘게 정부군과 무장 반군세력인 '앙
골라 전면독립민족동맹'(UNITA) 간에 내전이 벌어지던 지역
이었지. 그런데 도착지점을 40킬로미터 앞둔 빌라노바 상공에
서 반군세력에 의해 격추되고 말았지. 탑승자 전원이 목숨을
잃었고.

내전으로 고향을 등진 40만이 넘는 앙골라 실향민들의
목숨은 유엔의 식량지원에 달려 있었어. 이들은 주로 화물기
외에는 접근할 수 없는 지역에 피난해 있었기 때문이지. 도로
역시 안전하지 않았고. 하지만 C-130 화물기는 너무 느리고
전투능력도 없어서 반정부세력의 좋은 표적이 된 거야.

앞에서 말씀하셨죠? 유엔이나 국제 구호단체 사람들은 극
한적인 상황이나 전쟁지역에서도 용기 있게 활동하고 있다
고요.

맞아. 그래서 아주 골치 아픈 새로운 문제들에 직면하게
되었지.

어떤 문제인데요?

혹시 신문에서 구호단체를 비난하는 글을 읽어본 적 있
니? 구호단체들이 오히려 전쟁을 더 연장시키고, 살인자들을
배불리고 있다고 말이야.

어떻게 그런 한심한 소리를 하지요?

글쎄 말이다. 하지만 아주 근거 없는 비난은 아니란다.
예를 들어보자. 1994년 4월에서 6월에 걸쳐 르완다에서 투치
족 무장조직인 '르완다 애국전선'(FPR)과, 프랑스 미테랑 대
통령의 지원을 받은 후투족 출신의 하비아리마나 대통령이 이
끄는 정부군 사이에 내전이 벌어졌어. 이 전쟁으로 무려 100
만 명이 넘는 투치족이 학살당했단다. 칼로 찌르거나 총으로
쏘고, 심지어 5,000명에 이르는 사람들을 교회에 몰아넣고는
건물과 함께 태워버린 사건도 있었어. 그렇게 살해된 것은 투
치족 사람들만이 아니었어. 후투족 중에서 투치족과 사이가
좋다고 여겨진 사람들도 학살의 표적이 되었지. 7월에는 투치
족 반군이 수도 키갈리로 진격해왔어. 그러자 프랑스는 르완

다 서부의 콩고 민주공화국(옛 자이르)과의 국경지대에 '세이프티 존'이라 불리는 안전지대를 설정하고 프랑스 군인들이 감시하게 했지. 그곳에서는 투치족에게 보복당할 걱정이 없어서, 후투족 민병이나 구체제파 사람들이 속속 모여들었어. 그리고 일족을 거느린 수십만 명이 국경을 넘었고. 그리하여 콩고에서는 부카부, 고마, 키부 호 서안, 루치치 평원 등에 거대한 난민 캠프가 잇따라 들어섰단다. 결국 200만에 가까운 르완다 사람들이 콩고에서 난민생활을 하게 되었어.

이 때문에 '유엔 난민고등판무관사무소' (UNHCR)가 국제법상의 의무에 따라 이들 난민에 대한 지원에 나섰지. 병원이나 화장실, 수용 텐트가 설치되고, 매일 수천 톤, 아니 그 이상의 식량이 케냐를 거쳐 운반되어 왔어. 캠프는 콜레라가 들끓을 듯한 비위생적인 환경이었고.

그런데 문제는 여기서부터야. 결국 유엔의 이런 식량지원이 대량학살(제노사이드)을 주도한 후투족 체제파가 재기할 수 있는 발판을 제공한 셈이 되었던 거야. 그 결과 구호품도 이들이 관리했으므로 이들은 피난민들을 수하에 둘 수 있었어. 그리하여 난민 캠프는 르완다 애국전선에 대한 야간기습과 보복공격의 거점이 되고 말았지.

그런 딜레마를 예로 들라면 얼마든지 있단다. 국제 구호단체는 벌써 20년 전에 인류 역사상 가장 잔인한 살인자들인 크메르루주 세력을 온존시킨 쓰라린 경험을 갖고 있어. 당시

폴 포트의 주도로 희생된 사람들의 수는 무려 100만 명에 달한다고 해.

그리고 국제사회는 현재 북한의 기아와도 싸우고 있는데, 수도 평양에서 정권을 쥐고 있는 세력에 대한 평판은 세계적으로도 무척 나쁘단다. 1995년부터 현재까지 북한에서는 200만 명 이상이 굶어죽었어. 대부분이 아이들이었고. 그 외에도 수백만 명이 만성적인 영양실조에 허덕이고 있지. 4~5년 전부터 북한은 세 가지 고통을 겪고 있어. 우선 과거에는 잘되었던 논농사나 밭농사, 목축 등이 농지와 생산품의 강제집단화 정책으로 완전히 몰락해버렸고, 1995년에는 홍수로 인해 대부분의 논과 관개시설이 파괴되었어. 1997년과 1998년의 연이은 가뭄은 식량생산에 치명적인 타격을 주었지. 게다가 북한 정부는 농업정책을 바로잡거나 재해복구에 힘을 쏟지도 않고 있어. 과거의 전시망상에 사로잡힌 채, '인민군'의 과잉무장과 핵무기 개발 프로그램에 매년 엄청난 예산을 들이고 있지.

뉴욕이나 제네바에서 열리는 국제기구 관련 회의 참가자들 사이에서는 북한에 대한 기아원조 가운데 매달 배급되는 의약품이나 비타민류, 단백질 보조식품 등의 3분의 1에서 절반 정도는 군부와 비밀경찰이 가로채고 있다는 이야기가 공공연하게 돌고 있다는구나. 도시나 지방의 고아원에서는 아이들이 속속 죽어나가는데도 지배층은 호화롭게 살고 있나봐.

그게 옳은 일일까요?

뭐가? 원조가? 아니면 구호품을 가로채는 것이?

원조를 계속하는 거요.

　　아빠는 구호단체의 방침에 동의해. 구호단체는 극단적인 조건에서 활동하고, 갖가지 모순들과 싸워야 해. 그러나 어떤 대가도 한 아이의 생명에 비할 수는 없어. 단 한 명의 아이라도 더 살릴 수 있다면 그 모든 손해를 보상받게 되는 것이지.

15
무기로 변한 기아

이따금 '기아를 무기로 삼는다'는 말을 들어본 적이 있어요. 그런데 그게 무슨 뜻이지요?

　　그 말은 기아와 관련한 가장 끔찍한 면을 보여준다. 몇몇 나라에서는 국민들을 폭력적으로 복종시키려고 식량을 의도적으로 끊고 있거든.

굶주림을 무기로 삼아 누군가를 위협하는 건가요?

　　그보다 더 나빠. 대개는 국가적인 폭력이 자행되는 나라에서 배고픔을 무기로 삼는단다. 예를 들어 1992년부터 1995년에 걸쳐 유고슬라비아에서 벌어진 사태는 그야말로 기아를 무기로 삼은 것이었어. 세르비아 공화국의 밀로셰비치 대통령이 이끄는 세르비아 군은 보스니아 · 헤르체고비나의 수도인

사라예보 시민과 그 지도자들을 복종시키려고 사라예보 공항의 지하를 지나는 터널만 제외하고는 시가지를 완전히 봉쇄해 버렸지.

또 서아프리카 라이베리아의 테일러 대통령은 '민주적'인 선거로 선출된 대통령으로 알려져 있지만, 내전이 계속되던 1996년 10월에는 그가 이끄는 군대가 옵만부르크에서 수천 명의 적대세력을 포위한 채 굶어죽게 만든 일도 있단다.(테일러는 2003년에 나이지리아로 망명했다가 잠적한 것으로 알려짐)

그리고 한 가지 예만 더 들자면, 수단 카르툼의 이슬람 정권 지도자인 하산 투라비는 내전을 피해 남부 수단의 외딴 지역과 다르푸르 지방에 피난해 있는 수십만 명의 농민이나 유목민에게 식량과 약품을 배급하러 가는 구호단체의 비행기를 연신 포격하며 식량공급을 방해하려고 했어.

밀로셰비치, 투라비, 테일러는 정말 나쁜 자들이군요!

물론 그렇지. 하지만 자기네 정책을 관철시키기 위해 기아를 무기로 삼는 것은 비단 그들만이 아니란다. 미국도 그렇게 하고 있지.

그게 무슨 뜻이죠?

미국의 대통령은 약간 부드러운 방식을 택하고 있어. 예를 들어 미국의 이집트에 대한 정책을 보자꾸나. 이집트 사람들의 주식은 밀이나 조를 빻아서 만든 에이시라는 빵이야. 그런데 에이시의 여섯 개 중 하나는 미국과 이집트 간에 맺어진 식량원조 협정에 따라 미국산 밀이 사용되고 있지. 이른바 'PL-480 프로그램'을 통해 조달되는 거야. 이 프로그램은 이집트를 위한 것이라고 하지만, 실제로는 이 협정으로 미국은 자국의 잉여농산물을 이집트에 팔아넘길 수 있었던 것이란다.

이집트의 무바라크 정권은 미국의 조종을 받고 있는 셈이지. 무바라크는 미국의 손에 놀아나는 꼭두각시에 불과해. 중동지역에서 미국의 피리소리에 맞춰 춤을 추고 있단다. 무바라크는 양자택일을 할 수밖에 없어. 미국의 용병 역할에 순응하든가, 아니면 자국의 극심한 기아에 따른 반란으로 축출당하든가 말이야.

그 정도가 부드러운 방식이라고 하셨는데, 그럼 그보다 더 지독한 압박수단을 구사할 때도 있나요?

유감스럽게도 그렇단다. 이라크를 예로 들어보자. 쿠웨이트를 침공했던 사담 후세인을 철수시킨 '사막의 폭풍' 작전 중 다국적군의 지상부대는 수도 바그다드에 100킬로미터 못 미친 지점까지 진격했어. 하지만 그곳에서 탱크를 돌려야 했지. 미국의 부시 대통령이 사담 후세인의 머리칼 하나도 건드리는 걸 원치 않았기 때문이야. 후세인이 제거되면 이라크 내의 시아파 세력이 정권을 잡을까봐 그랬던 것이지. 사실 이라크의 시아파는 정치적으로 이란과 가까웠어. 워싱턴의 적이지.

하지만 이제 미국은 사담 후세인을 제거하고 싶어해. 유엔 회원국들은 10년 넘게 이라크에 대한 치명적인 경제봉쇄 정책을 강행하고 있어. 이런 조치는 안전보장이사회의 위법적인 선언에 근거하고 있지. 이라크는 쿠웨이트 침공으로 인한 피해를 보상할 때까지는 제한된 양의 석유를 수출할 수는 있어. 그리고 석유수출로 얻은 수익의 일부를 국제적 감시 아래 식량이나 의약품을 구입할 수 있지. 하지만 이것만으로는 터무니없이 부족해. 후세인은 이런 경제제재의 완화를 대가로, 국제 사찰단이 이라크의 생물학 무기나 핵무기 유무를 사찰할 수 있도록 허락했다고 해. 하지만 미국이 바라는 것은 사실 이라크 국민들이 그런 고통을 견디다 못해 결국 후세인 정권을 무너뜨리는 것이지.

경제봉쇄 정책으로 인해 누가 고통 받고 있나요?

이라크에서 유엔의 인도주의적 지원을 위한 코디네이터로 활동하다가 최근에 퇴직한 아일랜드 출신의 데니스 할리

데이에 따르면, 1994년 이후 매년 6만 명의 이라크 어린이들이 영양실조와 의약품 부족으로 죽고 있다고 해. 상황은 계속 나빠져 가고 있어. 유니세프는 미국이 주도하는 경제봉쇄로 인해 요즘 5세 미만의 아이들이 매달 5,000~6,000명이나 생명을 잃고 있다고 평가하고 있어. 매일 200명의 아이들이 영양실조로 죽어가는 셈이지. 할리데이는 1999년 1월 18일, 파리에서 기자회견을 했는데, 〈리베라시옹〉지는 다음과 같은 말로 기사를 맺고 있어. "이라크에서는 유엔이 민족살인의 주범이 되고 있다."

16
기아를 악용하는 국제기업

식량을 무기로 활용하는 건 정말 끔찍한 방법이에요. 어떤 나라를 막론하고 그런 방법을 사용하는 걸 막아야 해요!

그래. 하지만 국가들에 대해 금지시키는 것만으로는 충분하지 않단다. 국가들뿐 아니라, 다국적기업들도 그런 무기를 사용하고 있거든.

정말요? 어떤 기업이요?

세계 제2위의 식품회사인 스위스의 네슬레와 관련한 유명한 이야기 한 가지만 들려주마. 1970년 1월 1일, 칠레의 좌파정당과 노동조합이 연대한 '인민전선' 이라는 동맹이 101가지 행동강령을 발표했어. 그 중 제1항은 대통령 선거에서 자신들의 후보가 승리할 경우, 15세 이하의 모든 어린이들에게 하루 0.5리터의 분유를 무상으로 배급하겠다는 것이었지. 당시 칠레가 시급히 해결해야 할 과제 중의 하나가 많은 아이들의 영양실조였거든.

1970년 9월 드디어 대통령선거가 실시되었고, 인민전선의 후보인 살바도르 아옌데가 36.5퍼센트의 득표율로 당선되었어. 그리고 11월에 국회에서 대통령으로 지명되었지.

아옌데가 누군데요?

아옌데는 소아과 의사 출신의 정치인이라서 유아기의 비타민 및 단백질 부족, 소년소녀들의 건강문제를 잘 이해하고 있었지. 그래서 그가 가장 우선적으로 내건 공약이 분유의 무상 배급이었던 거야. 하지만 무엇보다도 분유와 유아식을 판매하여 엄청난 수익을 올리고 있던 다국적기업 네슬레가 당시 이 지역의 분유시장을 독점하고 있었지. 네슬레는 우유공장을 경영하며 목축업자들과 독점계약을 맺고 판매망도 장악하고 있었어. 그래서 아이들에게 분유를 무상으로 배급하기 위해서는 네슬레와의 원활한 관계가 필요했지. 아옌데는 결코 네슬레에 분유를 공짜로 달라고 하지 않았어. 제값을 주고 사려 했지.

그런데요?

그러나 1971년 스위스 베베이의 네슬레 본사는 칠레 민주정부와의 협력을 모두 거부했어.

왜요?

당시 미국의 닉슨 대통령과 그 보좌관 헨리 키신저가 아옌데 정권의 사회주의적 개혁정책을 꺼리고 있었기 때문이지. 또 외국에 대한 의존에서 벗어나 칠레의 자립성을 높이고 국내적으로 사회정의를 실현하려는 아옌데 정권의 개혁정책이 제대로 추진되면, 미국의 국제기업이 그때까지 누려온 많은 특권들이 침해받을 수도 있었기 때문이란다. 키신저는 여러 가지 방법을 동원해서 칠레의 민주정부를 괴롭히려고 했지. 칠레에 대한 지원을 끊어버리고, 운수업계의 파업을 뒤에서 조종하고, 광산이나 공장의 태업을 부채질했어. 서구의 많은 다국적 은행이나 기업, 상사들처럼 네슬레 역시 아옌데 정권의 개혁정책을 강하게 반대했던 것이란다.

그래서 어떻게 되었나요?

영양실조에 시달리는 아이들에게 매일 0.5리터의 분유를 배급하겠다는 아옌데의 공약은 수포로 돌아갔어. 아옌데가 추진한 개혁정책의 대부분은 엄청난 재정적 어려움에 봉착했지. 1973년 9월 11일, 미국의 중앙정보국(CIA)은 아우구스토 피노체트 장군의 군부쿠데타를 도왔어. 아옌데와 그의 동지들은 대통령궁인 모네다궁에서 무력으로 저항했지. 오전 11시, 아옌데 대통령은 라디오를 통해 대국민 연설을 마지막으로 했고, 오후 2시 30분에 살해되었단다. 피노체트의 무차별 탄압으로 많은 대학생, 기독교 성직자, 노동조합 간부, 지식인, 예술가, 그리고 일반 노동자들이 목숨을 잃었어. 그리고 아옌데 정권이 들어서기 전처럼 수 만 명의 아이들이 다시 영양실조와 배고픔에 시달리게 되었지.

17
국가 테러의 도구가 된 기아

아이들에게 일부러 먹을 것을 안 주는 것보다 더 나쁜 것은 없어요!

카림. 더 심한 경우도 있단다. 바로 굶주림을 국가 테러의 무기로 사용하는 것이지. 북한 이야기를 다시 해보자꾸나.

북한의 역사에 대해 들려주세요!

한반도 전역이 일본의 식민지가 된 것은 1910년이란다. 제2차 세계대전 때는 미국과 마찬가지로 소련도 항일전선을 지원했지. 일본의 식민통치에서 벗어난 지 3년 만인 1948년에 미국과 소련은 결국 한반도를 분할하기로 합의했고, 그 결과 공산주의 노선을 따르는 이전의 게릴라 대원들은 북쪽에 눌러앉았고, 서방지향적인 저항세력은 남쪽에 진을 치게 되었어. 북쪽에서 약 12만 500평방킬로미터에 이르는 국토를 지배한 것은 김일성이라는 인물이었지. 그는 북한을 스탈린식 독재체제로 끌고나가기 시작했어. 그런데 1950년 6월에 북한은 남한을 공격하여 남한마저 공산화하려고 했어. 한국전쟁이 터진 거야. 그러자 미국이 남한을 도와 인천에 미군을 상륙시켰지. 전쟁은 3년 동안 계속되며 수십만의 인명피해를 냈고, 결국은 미국과 소련이 북한과 남한 사이에 휴전선을 두고 휴전조약을 맺었어.

김일성은 어떻게 되었어요?

그는 1994년에 죽었고, 그의 아들 김정일이 정권을 이어받았어. 김정일은 아버지의 권력을 계승하고 있단다.

김정일과 그의 정부는 무얼 하고 있어요?

평양의 권력자들은 수많은 사람들이 기아에 시달리고 있는 것을 잘 알면서도 아무런 조치도 취하지 않고 있다는구나.

대체 왜요?

북한의 산간지대나 중국과의 국경지대에는 거대한 죽음의 수용소가 존재한단다. 이곳에 수용되어 있는 사람들은 굶주리고 지쳐서 죽어가고 있어. 북한 정권은 '수령'에 대한 충성심이 부족해 보이는 모든 사람들을 그곳으로 추방해왔단다. 당사자만 가두는 것으로 성이 차지 않아 일족 전체를 추방하고 있지. 반대세력의 싹을 잘라버리려면 적어도 3대는 멸절시켜야 한다는 원칙으로 말이야. 죽음의 수용소로 끌려간 사람은 그 자신뿐 아니라 부모, 형제, 일가 친척 모두가 그곳으로 추방되는 거야.

유엔은 현재 20만 명 이상이 그런 강제노동수용소에서 살고 있는 것으로 추정하고 있어. 탈출은 거의 불가능해. 수용자들은 숲이나 광산이나 밭에서 죽도록 혹사당하고 나서는 몇 년 후에 대부분 사망한단다. 아이들도 예외는 아니고. 그런데 세계에는 이런 독재자가 또 있단다. 너 세꾸 뚜레라고 들어봤니?

그게 누군데요?

세꾸 뚜레는 1958년 젊은 혁명가로서 기니 공화국의 대통령에 선출되었어. 서아프리카에 위치하는 기니의 국토는 25만 평방킬로미터. 숲과 해안과 사바나로 이루어진 멋진 나라야. 인구 700만이고. 말렝케족이나 풀라니족 등의 고대문화가 지금까지 이어지고 있어.

그런 세꾸 뚜레가 어떤 짓을 했는데요?

세꾸 뚜레는 처음에는 기니 국민과 유럽의 좌파세력으로부터도 지지를 받은 젊은 혁명가였어. 하지만 권좌에 오른 뒤에는 망상적인 전제군주로 변해갔지. 독재자로 군림하다가 나중에는 자신의 독재정치에 걸림돌이 된다고 생각되는 개인뿐 아니라 풀라니족 같은 부족을 박해하기 시작했어. 그는 1984년에야 죽었지.

구체적으로 무슨 짓을 했어요?

그가 즐겨 쓴 방법은 '검은 다이어트'라고 불리는 것이었어. 그는 수도 코나크리 근처의 수용소에 창이 없는 콘크리트 감옥을 세우고 철문을 달았지. 콘크리트 바닥과 문 사이의 틈을 통해 약간의 공기가 들어갈 뿐, 그야말로 완전히 폐쇄된 공간이었어. 세꾸 뚜레는 이런 곳에 남녀노소를 가리지 않고 반대자로 찍힌 사람들을 가두었고, 갇힌 사람들은 마실 것도 먹을 것도 없이 극심한 고통 속에서 죽어갔단다.

18
사막화로 인한 환경난민

지구의 상태가 그리 좋지 않군요!

네가 생각하는 것보다 훨씬 나쁘단다. 비옥했던 땅이 점차 사막으로 변하는 것만 해도 그래.

1991년 통계에 따르면 36억 헥타르의 땅에 사막화가 진행되고 있어. 이것은 전체 육지의 4분의 1, 경작이 가능한 건조지대의 약 70퍼센트나 된다고 해. 사막화는 아주 빠른 속도로 진행되고 있어서, 매년 약 600만 헥타르의 땅이 사막으로 변하고 있단다. 아프리카 대륙의 3분의 2는 원래 사막을 포함한 건조지대라서, 경작이 가능한 건조지대의 73퍼센트 정도가 사막화의 영향을 받고 있단다.

그럼 아시아는 어떨까? 역시 경작이 가능한 건조지역의 71퍼센트, 약 14억 헥타르에 걸쳐 사막화가 진행되고 있어. 지중해 남쪽의 건조지대는 이미 그 3분의 2가 심각하게 훼손

되었고 말이야. 21세기에 들어선 지금, 약 10억의 인구가 가까운 장래에 사막화의 위협에 직면할 거라고 예측된단다. 수억의 인구가 이미 사람이 살아가는 데 꼭 필요한 식량과 식수 부족을 겪고 있고, 수백만의 '환경난민'이 새로 거처할 곳을 찾아 고향을 등질 수밖에 없는 실정이야.

사막화가 그렇게 심각한 일인가요?

사하라 사막의 남부 일대를 사헬 지방이라 부르는데, 이곳에서는 매년 사막이 5~10킬로미터씩 확장되고 있어. 그래서 늪이나 웅덩이 등 물이 있는 지역에서 목축이나 반농반목 생활을 하는 투아레그족이나 풀라니족 같은 사람들에게 사막화는 정말이지 사활이 걸린 문제란다. 얼마 전까지만 해도 우기에 경작하는 보리가 이들의 중요한 식량이었는데 말이야.

마을 전체의 생존이 달려 있는 두레우물들에 대해서는 무슨 말을 해야 할까? 부르키나파소 북부, 말리, 니제르 등의 나라에서는 땅 밑으로 15미터 이상 파들어 가지 않으면 물을 구할 수 없는 상태라는구나. 풀라니, 밤바라, 모시족 등은 자기네가 직접 우물을 파기가 너무나 어렵다고 해. 그 정도 깊이나 장기간 이용할 수 있는 우물을 파려면 상당한 기술이 필요할 텐데, 그들에게는 굴착기나 기계식 펌프장치도 없고, 우물 내부의 벽에 콘크리트를 칠 수도 없어. 시멘트나 기계를 들여

올 돈도 물론 없지.

　독일을 비롯한 유럽의 여러 나라들에는 그런 곳에 파견되어 마을사람들을 동원해 우물파기 프로젝트를 진행할 수 있는 전문가들이 있어. 하지만 얼마나 많은 마을들이 이런 전문가의 도움도 받지 못한 채 무기력하게 방치되어 있는지 몰라.

사헬 사람들은 정말 운이 없네요.

　그뿐 아니란다. 삼림벌채를 생각해봐. 삼림을 남벌하는 것은 한편으로는 마을주민들이야. 아프리카의 시골 여인들은 나무를 때서 식사를 준비하지. 그래서 날마다 상당한 양의 땔감이 필요해. 그들은 처음에는 마을 가까운 곳을 벌채하다가 점차 원을 넓혀가며 작은 나무나 덤불을 베고 뿌리마저 캐버리지. 그러다가 결국은 사바나를 초토화시키는 거야. 그런 식으로 훼손된 삼림을 다시 조성할 수 있을 만한 마을은 극히 드물어. 하지만 나무들은 너무도 중요하지. 나무야말로 사막의 바람을 막아주고, 서서히 뿌리를 내려 흙을 지탱해주니까.

19
삼림파괴

홍수나 가뭄 같은 자연재해도 기아의 주된 원인이라고 하셨지요?

그런데 기후 연구는 아직 비교적 새로운 학문이라서 밝혀지지 않은 게 많아. 예를 들어 허리케인이 왜 발생하는지 정확히 알지 못해. 그것에 어떻게 대처할 수 있는지도. 가뭄이 어떻게 시작되며, 그것이 왜 특정 지역을 덮치는지도, 어떻게 그것을 예측할 수 있는지도 알지 못해. 그런데도 우리는 자연재해를 일으키고 생태계의 균형을 파괴하는 몇몇 원인들을 파악하고 있어. 그 중 대표적인 것이 지구상에 남아 있는 원시림의 대규모 벌채가 기후에 심각한 영향을 끼치고 있다는 사실이지.

말레이시아나 콩고 민주공화국(구 자이르), 가봉, 그리고 남미 아마존 일대에는 원시림이 남아 있지만, 매년 수만 헥타르의 원시림이 모습을 잃어가고 있단다. 거대한 플랜테이션 농장이 들어서거나, 목재 판매회사들의 불법벌채로 마구 파괴되기 때문이야. 원시림 파괴가 지구의 기후에 미치는 영향은 참으로 끔찍해.

세계에서 가장 큰 열대우림인 아마존 지역을 이야기해 보자. '지구의 허파'라고 불리는 이곳은 약 600만 평방킬로미터에 걸쳐 있다고 해. 상파울루에 있는 브라질 국립 아마존 연구소는 인공위성을 사용해서 아마존 정글을 감시하면서 불법 개간의 실태를 정기적으로 파악하고 있지. 1998년에는 1만 6,838평방킬로미터의 면적이 파괴되었어. 이것은 벨기에 국토면적의 절반 정도에 해당하지. 파괴되는 면적은 해를 거듭할수록 더 늘고 있어. 1998년에는 그 전 해보다 27퍼센트나 더 파괴되었지. 1962년 연구소가 감시활동을 시작한 이후 지금까지 53만 평방킬로미터의 원시림이 파괴되었어. 그래, 말 그대로 파괴야. 수목이나 관목, 그 밖의 화초도 일단 불에 타버리면 삼림으로서 재생되기란 영영 불가능하단다. 아마존 분지는 부식층이 아주 엷거든.

누가 아마존 파괴에 책임이 있나요?

우선은 농지를 갖지 않은 채 옮겨다니면서 경작하는 농민들이야. 브라질 중서부 마토 그로소 주의 라티푼디움(대규모

사유농장)이나 북동부에서 가뭄 때문에 정글로 들어온 사람들
이지. 이들은 화전을 일구기 위해 숲에 불을 지르고 있어. 그
로 인해 인디오 원주민들은 원래의 삶의 터전과 생활기반을
잃어가고 있지. 자연의 위협에 부닥친 인디오들은 또 신체적
공격에 방치된 채 마치 파리 목숨처럼 죽어가고 있단다. 정글
을 보호하면서 활용하는 시스템도 함께 사라질 수밖에 없지.
그리고 국제기업들이 경영하는 농장이나 목장도 파괴의 주범
이야. 그들은 거대한 트럭을 동원해서 기계로 대규모 벌채를
자행하고 있어. 이 회사들은 대부분 수백 평방킬로미터의 광
대한 땅에서 수만 마리의 소들을 방목하고 있지.

브라질 정부는 무얼 하고 있지요?

　그들은 계속 새로운 법률을 공포하고 있어. 화전을 금하
고, 불법벌채를 금하는 법, 그리고 우림의 상업적인 활용이나
목재 수송방법에 대한 규제 등으로 말이야. 하지만 안타깝게
도 이런 법률이 실제로는 전혀 지켜지지 않고 있어. 단속에 나
서야 할 정부조직이나 관리들 사이에서는 부패가 무척 심하
고. 더구나 그렇게 광대한 지역을 감시하기란 대단히 힘들어.
공중에서 감시하는 수밖에 없지. 하지만 실제로 숲에 불을 지
르거나 대규모 벌채가 이루어지면 몇 개월에 걸쳐 그 상공에
두터운 흰 구름이 덮여 있기 때문에, 그것으로 불법행위가 벌

어지고 있음을 짐작할 수 있다는 거야. 인공위성으로 감시하더라도, 소실되는 삼림의 약 20퍼센트 정도는 좀처럼 파악할 수 없다고 해.

아마존 우림이 지구의 허파라고 하셨는데, 그럼 세계의 다른 나라들도 그것을 지키는 데 나설 수 있는 거 아닌가요?

그렇지 않단다. 브라질은 주권국가이고, 그래서 아마존 우림을 둘러싼 정책들에 대해 외국 정부나 환경보호단체들이 제언을 해도 '노!'라고 해버리면 그것으로 그만이지. 브라질 정부는 그런 제언을 오히려 '자국에 대한 부당한 내정간섭'으로 여기고 있어. 그래도 최근에는 다소간 개선의 낌새도 보여. 예를 들어 1998년에는 선진 7개국(미국, 독일, 프랑스, 영국, 일본, 이탈리아, 캐나다)이 아마존 우림을 보호하기 위해 2억 5,000만 달러의 지원을 약속했거든.

아마존 이외의 정글의 상황은 더 나빠. 칠레를 예로 들면, 아옌데 민주정부는 중부와 남부의 원시림을 보호하기 위해 포괄적인 계획을 수립했어.

하지만 군사쿠데타 이후 아우구스토 피노체트는 모든 관련 법률을 폐기하고, 원시림을 몇몇 외국기업에 헐값으로 팔아넘겼지. 북미의 미니코 사, 스위스의 억만장자인 슈테판 슈미트하이니의 테라노바 사 등이지. 이들 기업은 원시림 안

에 사는 마푸체족의 저항에도 불구하고 비오비오강 남쪽의 광
대한 생태계를 파괴하고 있어.

20
사막화 대처에 430억 달러?

기후에 대한 악영향과 사막화를 어떻게 하면 막을 수 있을까요?

1992년에는 유엔 환경개발회의가 주최한 '지구 서미트'가 브라질 히우데자네이루에서 열렸어. 세계 모든 나라의 외교관과 관련 전문가들이 참석했지. 이 회의에서는 뜻있는 합의안들이 도출되었어. 면밀한 행동계획인 '어젠다 21'이 정해졌고, '지속 가능한 개발위원회'를 설치하기로 합의했고, '사막화방지 협약' 같은 몇몇 협약도 제정하기로 합의했고.

어편지 생소한데요.

아빠가 소속되어 있는 사막화방지 협약에 대해 조금 이야기해줄게. 현재 독일의 본에 사무국이 있어. 사무국장은 하마 아르바 디알로라는 유능한 사람이 맡고 있지. 아르바는 아프리카 사헬 지방의 풀라니족 출신으로, 그의 가족들은 지금도 부르키나파소 북부의 도리 근처에서 살고 있단다. 아르바는 1987년 암살된 전 부르키나파소 대통령 토마스 상카라의 절친한 친구이자 투쟁동료였어. 그는 전세계 국가들이 참여하는 '협약'을 단시간 내에 발족시켰어.

사막화와 농지의 황폐화로 고통받고 있는 나라들은 선진국이 사막화방지 협약에 따라 파견하는 농업, 수리, 식물, 기후 분야 전문가의 도움을 받아 적절한 대책을 세울 수 있단다. 그러면 전문가와 현지의 마을주민들이 협력해서 프로그램을 세우고, 그것을 실행에 옮기는 것이지.

1998년 11월 30일부터 12월 11까지, 사막화방지 협약의 당사국 대표들이 세네갈의 수도 다카르에 모여 두번째 총회를 열었지. 보고내용은 대단히 심각했어. 모든 노력에도 불구하고 지구상의 사막화는 계속 진행되고 있고, 사막화로 인해 수백만의 농민들이 목초지나 경작지를 잃고 생존의 위기에 내몰리고 있다는 것이었지. 이 회의에서는 긴급히 실행해야 할 사항들이 결정되었어. 그리고 예상되는 비용도 추산되었는데, 무려 430억 달러가 필요하다는 결론에 이르렀어.

무척 큰 돈이네요!

그렇다고 할 수 있지! 회의는 메리디앙 프레지던트 호텔의 국제회의실에서 열렸는데, 점심시간에 아빠는 세계은행 부총재인 이언 존슨 씨 옆에 앉게 되었어. 존슨은 세계적으로 유명한 영국의 경제학자로, 세계은행에서 23년간 일한 경험이 있는 실리주의자야. 긴급 프로그램을 실행하는 데 430억 달러가 필요하다는 보고에 아빠는 크게 놀랐는데, 그런 계산을 한 사람이 바로 존슨이었지.

아빠는 어떻게 그런 금액이 산출되었는지, 그리고 그 많은 돈을 어떻게 조달할 것인지 등을 그에게 물어보았어. 존슨은 아빠의 이야기를 주의 깊게 듣더니 마지막에 이렇게 말하더구나. "지글러 선생, 걱정 말아요. 누구도 그런 돈을 갖고 있지는 않으니까요.".

하지만 앞으로도 사막화로 인해 고향을 떠날 수십만 명은 어떻게 되는 거죠?

그들을 도울 능력이 없음을 절감한 유엔은 그들을 '환경난민'이라 부르게 되었어. 그런데 문제는 정치난민과 달라서, 그들은 국제사회가 정한 '난민조약'(1951년)에 규정된 난민으로서의 권리를 인정받지 못하고 있다는 거야.

21
르 라이으를 찾아서

그럼 환경난민들은 어떻게 지내고 있어요?

그들은 가까운 도시로 옮겨갈 수밖에 없어. 굶주린 아이들과 살아남은 몇 마리 안 되는 가축을 데리고 말이야. 남자들이 앞에서 뱀을 쫓기 위해 막대기로 바닥을 치며 길을 트면, 여자들은 얼마 안 되는 살림살이를 이고 진 채 뒤따라가지. 그렇게 며칠 혹은 몇 주를 걸은 끝에 기진맥진해서 도시에 도착하게 된단다.

도시에서는 무얼 하고 살아요?

세네갈의 다카르에 머물렀을 때의 이야기를 해주마. 아빠는 거기에서 자크 뷔니쿠르라는 사람을 만났지. 이 사람은 '제3세계의 환경과 개발을 향한 행동'(ENDA)이라는 국제 비정부단체의 걸물 사무국장이었어. 그의 권유로 아빠는 다카르에 있는 환경난민의 거주지를 보러갔단다.

'르 라이으'(Le Rail)라는 곳으로, 우리는 만월의 환한 달빛 아래에서 밤 2시까지 돌아다녔어. 뷔니쿠르 사무국장은 그곳에서 마치 오랜 친구처럼 환영받았지. 그곳은 다카르 일대에 들어선 60개가 넘는 빈민촌 중 하나였어.

다카르 공항에서 그리 멀지 않은 나지막한 구릉에 녹슨 함석 지붕집이 다닥다닥 붙어 있었어. 그 구릉에 자리잡은 것만 해도 운이 좋은 일이었지. 구릉이라서 우기에 물이 잘 빠지니까 말이야. 홍수로 물에 잠겨 전염병이 번지는 지역도 많거든. 르 라이으는 인구밀도가 매우 높았어. 1헥타르도 되지 않는 면적에 1,000명도 넘게 살고 있었지. 하지만 너무도 평화로운 분위기 속에서 그들 서로에 대한 믿음이 느껴졌단다. 모두들 불안한 생존과 꿋꿋하게 맞서 싸우는 모습은 정말로 놀라웠어!

주로 어떤 사람들이에요?

그들에 대해 이야기하려면 족히 몇 시간은 걸릴 거야. 다양한 부족들이 모여들어 있었어. 세레르족의 한 가족이 볼로프족 여성과 함께 식사를 준비하고, 디올라족 사람들이 풀라니족 농민들과 함께 고생스런 물긷기를 했어. 종파가 다른 무슬림들이 평화롭게 어우러져 살고, 기독교인들과 무슬림들이 친분을 맺고 서로 다른 종교적 행사도 함께 축하하고 있었단다. 그 빈민촌의 주위에는 부패한 관료들의 고급주택들이 들어서 있어, 경비견이나 무장 경비대가 높은 담을 감시하고 있었지.

남쪽에는 아직 아무것도 세워지지 않았어. 울타리를 두른 그곳 공터에는 짓다만 4층짜리 콘크리트 건물이 솟아 있었지.

아빠는 뷔니쿠르 사무국장에게 그 건물은 뭐냐고 물어보았어. 그러자 그는 실눈을 뜨며 웃었지. "저것은 마법에 걸린 집이라오." 아빠가 영문을 모르겠다는 표정을 보이자, 그가 이렇게 설명했어. "얼마 전에 한 투자가가 정부의 허가를 받아 불도저로 그곳 빈민촌 땅을 밀어버리고는 건물을 짓기 시작했어요. 하지만 르 라이으의 노인들이 모여 그에게 마법을 걸었지요. 결국 그 남자는 병이 들었고, 완공되지 않은 건물도 팔았답니다. 두번째 소유주는 산다가(다카르 시내의 큰 시장)의 상인이었는데, 그 역시 노인들의 마법에 걸려서 거의 죽을 뻔했지요. 그래서 역시 그 건물을 팔았어요. 현재 소유주의 얼굴은 아무도 보지 못했어요. 르 라이으에 나타날 엄두를 못 내고 있으니까요."

정말 재미있네요. 하지만 르 라이으 주민들은 그런 마법만으로 생존을 보장받을 수 있을까요?

그곳의 환경난민들은 두 가지 큰 걱정거리를 안고 있단다. 바로 불도저와 상수도야. 세네갈 땅의 90퍼센트는 국유지야. 어떤 땅이든 그곳에 정착하여 경작하고 사는 사람이 그 땅을 쓸 수 있지. 시골에서는 별 문제 없이 그렇게 돼. 하지만 도시는 달라. 도시에서는 최근 땅값이 폭등하고 있지. 르 라이으 근처의 땅만 해도 1998년에 1헥타르에 80만 프랑스 프랑 하던 것이 지금은 1,995만 4,000프랑으로 뛰었어. 국유지 관리자들, 즉 공무원들은 사기꾼 집단이야. 그들의 사기수법은 그야말로 전설적이지. 거짓 소유증서를 마구 발급해. 르 라이으로 통하는 아스팔트 포장도로 곁에는 발코니와 차고가 달린 우아한 저택이 늘어서 있는데, 차고에는 검은 벤츠가 2대나 보였어. 뷔니쿠르 사무국장은 국유지 관리인의 집들이라고 하더군. 그나마 좀 나은 편에 속하는 관리들이라면서 말이야.

르 라이으 사람들은 어려서부터 시내에서 짐꾼이나 구두닦이 또는 과일상으로 일하고 있단다. 구걸하거나 매춘을 하는 사람은 하나도 없어. 모두들 성실하게 일하고 있지. 하지만 시내에서 거의 7킬로미터를 걸어 르 라이으로 돌아올 때마다 그들의 뇌리에는 악몽이 떠나지가 않아. 낮 동안 어떤 투기꾼이 지방경찰의 도움을 받아 불도저로 내 함석집들을 쓸어버렸으면 어쩌지, 집과 함께 아이들과 가재도구를 싹 밀어버렸으면 어쩌지 하는 악몽이 떠오르는 거야.

그런 일이 종종 있나요?

그래, 그런 일이 자주 벌어진단다.

상수도 걱정도 한다고 하셨잖아요.

르 라이으의 난민들은 사막화가 계속 진행되면서 경작지가 타들어가고, 땅이 쩍쩍 갈라지며 우물이 마르는 것을 보았어. 결국 죽음이 그들의 목을 졸라, 피골이 상접해서야 고향을 등지게 되었지.

그리고 이제는 부호나 권력자들의 저택 발치에 살고 있어. 난민들은 자신의 생존이 몇 안 되는 수도꼭지에 달려 있다는 것을 아주 잘 알고 있지. 거리가 얼마나 되든 상관없어. 우물이나 상수도가 없는 빈민촌은 애초부터 파멸이 예정되어 있지. 저택의 주인이나 국유지 관리인, 지방경관들도 그것을 알고 있어. 그래서 그들은 정부가 환경난민을 위해 수도관을 놓는 것조차 거부한단다.

하지만 르 라이으에서는 이 악당들이 자크 뷔니쿠르라는 존재를 감안하지 못했어. 뷔니쿠르 사무국장은 프랑스의 젊은 사회주의자들의 리더로, 최근까지도 탈식민화를 위해 싸

위온 투사였지. 세네갈의 상식으로는 도저히 생각할 수 없는 일이지만, 어쨌든 그는 권력자의 눈치 따위는 조금도 의식하지 않으면서 행동하고 있었지.

뷔니쿠르 사무국장은 수도국 책임자를 방문한 데 이어 공공주택 건설을 담당하는 장관을 방문했어. 그래도 효과가 없자, 결국 세네갈 대통령을 상대로 직접 담판을 벌였지. 그리하여 압두 디우프는 르 라이으 남쪽 입구에 4개의 수도꼭지를 설치하도록 지시했단다. 주민들은 이 생명의 파이프를 지키기 위해 밤낮으로 경비를 서고 있어.

르 라이으의 주민들은 나중에 어떻게 되나요?

어떻게 되고 말 것도 없어. 기적이 일어나지 않는 한, 자신들의 고향으로 돌아가는 것은 불가능하지. 그럼 남은 길은 무엇일까? 녹슨 함석촌을 벗어나 번듯하게 사는 것? 그런 일이 어떻게 가능할까? 그들은 농민이야. 목축업자 아니면 땅을 일구는 사람들이지. 그런데 농사 지을 땅도, 사육할 가축도 없어. 남은 것은 자존심뿐이지. 아까도 말했지만 구걸이나 매춘으로 먹고사는 사람은 아무도 없어. 이 빈민촌에는 마약조직이 절대로 발붙일 수 없지. 르 라이으의 농민들은 장차 어떤 미래를 꿈꿀 수 있을까? 용기를 가지고 하루를 시작했다가도 밤이면 오두막을 걱정하며 귀가하는 이 순박하고 성실한 사람들은 자기네 삶이, 그리고 자기네 아이들의 삶이 장차 어디로 향할지를 도무지 몰라. 종종 불도저가 그들의 보금자리를 밀어버리지. 그러면 난민들은 또다시 옮겨가야 해. 다른 공터를 찾아서 말이야. 그리고 드라마는 다시 시작된단다. 르 라이으의 사람들은 그나마 형편이 나은 편이야.

22
계속 늘어나는 도시인구

환경난민의 수는 세계적으로 얼마나 될까요?

'유엔 환경계획'(UNEP)이나 '유엔 사막화방지 협약' (UNCCD) 사무국 등의 유엔 관련 기관은 세계적으로 환경난민이 2억 5,000만 명 이상인 것으로 추정하고 있어. 그리고 앞으로 10년 사이에 그 숫자는 10억 명으로까지 불어날 것으로 예상된다는구나.

그러면 그들은 모두 도시 빈민촌으로 흘러들게 되나요?

달리 갈 곳이 없으니까. 지금 전세계는 '농촌사회의 종언과 지구 규모의 도시화'라는 혁명 와중에 있단다.

19세기 초반까지만 해도 런던이 세계에서 유일하게 인구 100만이 넘는 대도시였어. 그러나 1990년에는 인구 100만

이 넘는 도시가 수백 개에 달해, 총 5억 4,000만 명이 그런 도
시들에 거주하고 있지.

　　세계 총인구의 증가율은 1.6퍼센트인 데 비해 도시인구
의 증가율은 4.7퍼센트에 달하지. 이런 식으로 인구가 늘어나
면, 오는 2015년에는 세계인구 71억 가운데 약 60퍼센트 이
상이 도시에 거주하게 된단다.

　　라틴아메리카에서는 이미 인구의 70퍼센트가 도시에
거주하고 있어. 그들 대부분이 판자나 비닐, 녹슨 함석으로 지
은 초라한 빈민촌에 살고 있지. 아프리카에서도 1999년에는
전체 인구의 35퍼센트가 도시에 살았는데, 2025년에는 도시
인구가 절반을 넘을 것으로 예상되고 있지.

　　도시인구가 빠르게 증가하는 데는 몇 가지 원인이 있어.
농지의 피폐화나 사막화, 그리고 각국의 농산물수출 확대정책
도 주된 원인이라고 볼 수 있어. 또한 농업의 집중화, 기계화,
공업화가 강력하게 추진되면서 농업생산이 확대되는 한편, 인
력이 불필요해진 농촌에서 농민들이 방출되어 대도시로 흘러
들었던 거야. 그 결과, 도시 주변에 비위생적인 빈민촌이 대규
모로 들어선 것이고. 물론 도시는 가난한 사람들의 마지막 희
망이기도 하지.

　　아빠는 얼마 전에 유엔 인구기금이 작성한『세계인구백
서』(2001년)라는 제목의 보고서를 읽었어. 거기에 따르면 대
도시 인구집중으로 인해 2015년 일본 도쿄의 인구가 3,000만

명에 이를 것이고, 다음으로 인도 뭄바이(봄베이) 2,800만, 나이지리아의 라고스 2,600만, 중국의 상하이와 베이징이 각각 2,300만과 2,900만, 그리고 인도네시아의 자카르타는 2,200만이 될 거라고 해. 방글라데시의 다카와 파키스탄의 카라치는 세계에서 가장 가난한 대도시로 예상되어, 2015년이면 다카에는 1,900만, 카라치에는 2,200만 명이 거주하게 될 거라고 해. 라틴아메리카 역시 그에 뒤지지 않아. 상파울루가 2,200만, 멕시코시티가 2,300만에 이를 것으로 예상되고 있지. 다시 말하지만, 이런 유입인구 중 압도적인 다수는 빈민촌에 거주하게 될 거야. 쇠약증으로 인해 배가 부풀어 오른 아이들이 늘어나고, 기생충 탓에 각종 질병에 시달리겠지. 배고픔에 허덕이다가 결국은 짧은 생애를 마치게 될 거야.

페루의 리마, 아야쿠초, 아리카 등의 도시에서는 이런 빈민촌을 바리아다스라고 부른단다. 칠레에서는 포블라시오네스 칼람파스, 브라질에서는 파베일라라고 부르고. 이런 빈민촌은 마치 사막의 오아시스처럼 자리잡은 중상류층의 저택가 사이에 퍼져 있지.

히우데자네이루 티유카 지구의 끝, 대서양에 면한 산비탈에는 호시냐라는 남미 최대의 슬럼가가 있어. 이곳 주민은 50만 명이 넘는다고 하는데, 대부분 브라질 북동부에서 온 기아난민들인 모양이야.

티유카 지구에도 고급 주택가가 있지. 커다란 창이 바다

쪽으로 나 있는 그런 주택들을 3미터도 넘는 높다란 철조벽이 에워싸고 있어. 사적으로 고용된 경비병(대개는 호시냐 출신)이 자동권총으로 무장한 채, 잘 훈련된 경비견을 데리고 있지.

유엔에서는 그런 슬럼가 주민들을 가리켜 '비공식 부문'이라 일컫는데, 2000년 라틴아메리카 총인구의 45퍼센트가 이 '비공식 부문'으로 파악되고 있단다.

비공식 부문이란 무슨 뜻이죠?

'비공식 부문'은 정해진 일자리나 거주지가 없고, 사회보장 자격이 없는 사람들을 말한단다. '비공식'이라는 말은 '공식'이라는 말의 반대야. '공식 부문'은 경제 주체로서 시민으로서의 정상적인 삶을 사는 사람들을 말하지. 그러니까 '비공식 부문'이라는 말은 이른바 무산계급을 완곡하게 돌려서 말한 표현에 지나지 않아.

정규적인 수입이 없고 의료혜택이나 교육을 받지 못하는, 그리고 안정적인 가정생활과는 거리가 먼 사람들이 비공식 부문에 속한단다. 무엇보다도 그들은 집이라 부를 만한 주거지를 가지고 있지 않고, 전염병이나 만성적인 영양실조에 그대로 노출되어 있으며, 만성적인 실업과 자연재해, 슬럼가를 지배하는 범죄조직에 무방비로 내맡겨져 있는 상태야.

그들은 어떻게 생명을 이어가요?

그들 중 많은 수는 얼마 살지 못하고 죽는단다. 그들이 할 수 있는 일이 뭐겠어? 그저 임시로 할 수 있는 일들밖에. 아빠의 한 제자가 리마의 슬럼가에서 겪은 일이라며 이런 이야기를 들려주더구나. 알티플라노(남미의 평균 4,000미터를 넘는 고원지대) 출신의 어떤 여성에게 어떻게 먹고 사냐고 물었대. 그러자 그 여성은 "매춘이나 도둑질을 하기도 하고, 코카콜라 한 병을 1솔에 사서 2솔에 팔기도 해요. 아이가 여덟이고 사회 보험도 없는데 어떻게 하겠어요?"라고 말하더래(1솔은 약 150원). 그러니 이 사람들이 얼마나 가난한 삶을 이어가고 있는지 알 수 있겠지!

최근에는 여행 붐이 일면서 세계가 더욱 좁아진 느낌이 든다고 해. 매년 수백만의 선진국 사람들이 브라질이나 페루, 인도네시아를 여행하고, 아프리카 연안이나 남미 고원지대, 멕시코 고원, 콜카타(캘커타), 인더스 계곡 등지로 몰려가지. 하지만 그곳을 여행하는 사람들은 맹인이나 마찬가지야. 여행지에서 기아 희생자들을 목격하게 되는 경우는 극히 드물지. 거리에서 마주치거나, 어쩌다 슬럼가에 인접한 호텔에 묵게 될 경우에만 약간 감을 잡을 수 있어.

그 경우 여행객들은 영양실조에 걸린 어린아이들을 멀리서나마 목격할 수 있어. 힘없는 몸통 위로 커다란 머리가 흔들거리고, 걸음걸이도 질질 끌 듯하여 무척 피곤해 보이지. 목소리도 약하고 얼굴이 창백해. 눈에는 두려움이 담겨 있어. 그런 모습은 마음에도 큰 영향을 미치지. 그런 아이들이 좋은 보육시설 등에 들어가면 몇 주 지나지 않아 무척 명랑하고 건강한 아이로 변신한단다.

23
치유되지 않는 식민지정책의 상흔

하지만 이들 환경난민은 왜 꼭 판자촌에 살아야 하죠? 제3세계 곳곳에는 개간할 수 있는 있는 땅이 아직 많잖아요? 가령 세네갈은 어떨까요? 왜 정부는 이런 난민들에게 경작할 수 있는 새 땅을 제공하지 않지요?

그렇구나. 세네갈은 19만 7,000평방킬로미터의 국토에 인구가 1,000만 명 정도밖에 안 된단다. 하지만 특히 아프리카에는 또 하나의 까다로운 문제가 도사리고 있어. 바로 '식민지정책'이란 거야.

그게 뭐죠?

식민지정책이란 20세기 전반까지 유럽 각국이 아프리카나 그 밖의 대륙의 나라들에 대해 강제해온 것이란다. 유럽은 그 역사를 돌아보면 그야말로 식민지 약탈자라고 할 수 있어. 아메리카 대륙에 건너가서는 불이나 칼, 그리고 질병으로 인디오 원주민들을 아주 간단하게 몰아내버렸지. 아프리카에서도 많은 토지를 약탈하고, 주민들을 강제노동에 동원하여 플랜테이션(대규모 농장에서 면화나 차, 코코아 등의 상품작물을 집중적으로 재배시키는 것)을 도입했어.

강력한 무기를 지닌 이런 약탈자들이 들이닥치기 전만 해도 아프리카의 농민이나 목축민들은 현지의 권력자에게 상납하고 자신들이 소비하기에 충분한 식량을 생산했어. 하지만 유럽인들이 도착하면서 모든 것이 뒤죽박죽되고 말았지. 유럽에서는 공업이 발달하여, 대량의 농산물을 사들일 구매자들이 있었어.

그래서 식민지의 권력자들은 아프리카 농민들에게 유럽의 기업이 필요로 하는, 즉 유럽 시장에서 소비될 수 있는 작물을 경작하도록 했어. 그리하여 식민지 차드에서는 종주국 프랑스의 직물공장에서 쓸 면화를 재배해야 했지. 그리고 가나의 삼림지대인 아샨티에서는 영국의 초콜릿 공장을 위해 카카오 농사를 지어야 했고, 탄자니아는 사이잘삼(sisal hemp : 잎에서 섬유를 뽑아 로프 등의 직물을 짜는 데 사용한다)을, 부룬디와 르완다에서는 차 농사를 지어야 했어.

또 카리브해의 자메이카와 마르티니크, 브라질에서는 영국이나 프랑스, 포르투갈을 위해 사탕수수를 집중적으로 재

배해야 했단다. 이런 집중재배 시스템을 만든 것이 식민지정
책이지.

　　이런 식민지들은 1960년대에 들어 잇따라 독립을 이루
었지만, 식민지시대의 상흔은 지금도 깊이 남아 있어. '신식민
지주의'(독립 후에도 경제적, 정치적으로 구종주국이 구식민지에
커다란 영향을 미치는 것) 아래에서 성장한 식민지 엘리트들은
자국에서 어느 정도 권력을 행사할 수 있지. 하지만 실제로는
구종주국의 눈치를 살필 수밖에 없단다. 유엔 총회나 그 밖의
국제기구에서 프랑스가 많은 지지를 얻을 수 있는 것도 이런
사정이 배경에 깔려 있어.

세네갈은요?

　　세네갈은 프랑스 식민지였는데, 오로지 땅콩 농사에만
매달리도록 강요받았어. 그래서 지금까지도 이런 수출만을 위
한 단일경작(모노컬처)의 속박에서 벗어나지 못하고 있어. 농
민들은 방대한 양의 땅콩을 생산해. 그리고 정부는 그것을 사
들여 유럽으로 수출하지. 하지만 정부의 수출가격에 비해서
농민들은 너무나 헐값으로 농산물을 넘긴단다. 기생적인 관료
들과 지배계급은 이렇게 농민들의 피땀 어린 노동을 착취하여
얻은 차액으로 엄청난 사치를 누리고 있어.

단일경작이라는 게 뭐죠?

그것은 한 나라의, 특히 수출용 주요농산물이 오직 하나의 작물에 편중되는 것을 말해. 종주국이 식민지를 상대로 자국에 필요한 산물만을 집중적으로 재배하게 하는 것이지. 가령 세네갈에서 생산된 땅콩들은 대부분 유럽으로 수출된단다.

그럼 세네갈 사람들은 뭘 먹고 살아요?

세네갈 정부는 땅콩을 수출해서 벌어들인 수입의 일부로 태국이나 캄보디아, 혹은 그 밖의 나라에서 쌀을 대량으로 구입하지. 세네갈의 주식은 쌀이거든. 세네갈은 1년에 약 40만 톤의 쌀을 수입해. 돈으로는 약 8억 5,000만 세파프랑(CFA)이야. 1997년 세네갈 국가 예산을 보면 17.4퍼센트가 곡물 수입에 지출되고, 빵에 11.8퍼센트, 야채에 10.9퍼센트가 지출되었어. 이렇게 곡물소비량이 많은 이유는 대체로 동물성 단백질 소비가 줄어드는 데 있지. 1975년에서 1995년까지 20년 사이에 육류와 생선 소비량은 금액으로 환산하면 각각 3.4퍼센트, 1.6퍼센트 감소했어. 과일 역시 0.4퍼센트 감소했지.

다시 말해서 세네갈은 해마다 식량의 외국 의존도가 점점 높아지고 있는 셈이야. 세네갈의 국민들은 무척 부지런해서 식량을 자급자족할 능력이 있는데도 불구하고 식량을 수입해야만 하는 시스템이 되어 있지. 게다가 식량 수입은 아무나 할 수 있는 것이 아니야. 정부의 허가가 필요해. 그래서 고위 관리들이 식량 수입의 독점권을 가지고 막대한 재산을 모으고 있단다. 그러다 보니 그들은 자국의 식량생산 증진에는 관심이 없지.

정말 못 말리는 시스템이군요.

글쎄 말이야. 비옥한 땅을 자국민들에게는 도움이 되지 않는 수출용 작물에만 돌리고 있으니……. 더구나 수출가격을 결정하는 세계시장에 대해서 세네갈 자신은 아무런 영향력도 갖고 있지 않아. 그래서 전통적으로 매우 근면한 농민들과 비옥한 땅을 가진 나라에서 식량부족 사태가 확산되고 있는 거야.

참, 세네갈 정부는 환경난민을 위해 뭘 하고 있지요?

세네갈 정부는 난민들에게 경제적 지원을 하지 않고 있어. 그렇다고 직업교육을 실시하여 이런 난민들을 활동적인 도시인구로 편입시킬 재원도 의지도 없는 것 같구나.

24
토마스 상카라와의 만남

그렇게 목을 조르는 식민지정책에서 끝내 벗어날 수 없는
건가요?

아빠는 세계적으로 가장 가난한 나라 중 하나에서 친구
들과 더불어 불가능한 것을 가능케 하고자 노력했던 한 남자
를 알고 있어. 바로 부르키나파소 출신의 토마스 상카라라는
인물이지. 부르키나파소는 서아프리카 사하라 사막의 남쪽 가
장자리에 있단다.

부르키나파소를 잘 아세요?

물론이지. 1983년에서 1987년에 걸쳐 부르키나파소에
서 정치개혁 운동이 한창일 때, 아빠는 그곳을 몇 번 방문했
어. 4년도 채 안 되는 기간에 부르키나파소는 참으로 대단한

변화를 이루어냈지. 네게 그 이야기를 해주마. 부르키나파소의 예는 세계에서 제일 가난한 나라라도 스스로 기아를 극복할 수 있다는 것을 보여준단다. 아빠는 1984년에 처음으로 부르키나파소의 수도 와가두구를 방문했어. 특별한 인연이 나를 그곳으로 이끌었지.

어떤 인연이었는데요?

1983년 크리스마스 때였어. 전화벨이 울렸지. 모르는 남자의 목소리였어. "상카라 대위라고 하는데, 지글러 교수님 계십니까?" 낯선 이름인데다 말투도 군대식이어서 아빠는 본능적으로 거리를 두며 "내가 지글러입니다." 하고 차갑게 대답했어.

그랬더니 상카라는 "교수님을 급하게 좀 뵙고 싶습니다. 감옥에서 교수님의 책(*Main basse sur l'Afrique*)을 읽었습니다. 이야기를 좀 나누고 싶습니다. 오시겠습니까?" 하고 물어왔지.

방학 기간이기도 했고, 어쩐지 만나봐야만 할 것 같은 기분이 들어서 길을 나섰단다.

그곳은 어땠어요?

137

1984년 1월, 수도 와가두구에 도착했을 때가 기억나는 구나. 사하라의 강한 바람이 거리에 붉은 회오리를 일으켰어. 4명의 젊은 장교들이 작은 집에서 아빠를 기다리고 있었지. 그들은 1983년 8월 4일 쿠데타를 일으킨 뒤로 이 나라의 국정을 맡고 있었어. 식사에 초대받았는데, 실내는 질식할 듯이 더웠지. 식탁에는 푸른 콩, 토마토, 조, 고구마에 고기 캔이 몇 개 놓여 있었어. 물 외에는 다른 마실 것이 없었지. 모시족과 풀라니족의 혼혈로, 무척 총명하고 쾌활해 보이는 토마스 상카라가 그들의 리더였어. 상카라 맞은편에는 그의 절친한 동지인 블레이즈 콤파오레가 앉아 있었지. 눈빛이 날카롭고 키가 훤칠한 사람이었어. 그 옆에는 앙리 총고라는 몸집이 크고 호감을 주는 사람이 앉아 있었고, 마지막으로 그들보다 나이가 많아 보이는(그래도 38세였지만) 과묵한 남자가 심각한 표정으로 식탁 끝에 앉아 있었지. 국방장관인 장 밥티스테 링가이였지. 총고와 링가이와 상카라는 지금은 모두 저세상 사람이 되었어. 그들의 동지였던 블레이즈 콤파오레의 명령으로 모두 살해되었지.

부르키나파소라는 나라에 대해 조금 이야기해보자. 이 나라는 원래 프랑스령으로, 1960년에 독립한 당시에는 나라 이름이 오트볼타였어. 1984년에 부르키나파소('고결한 자들의 나라'라는 뜻)라는 이름으로 바꿨지. 국토는 27만 평방킬로미터에 인구는 1,100만(1999년)으로, 서아프리카의 주요 거점이야. 남쪽 사하라와 모시 평원을 이어주는 도로, 그리고 사헬 지방과 코트디부아르(상아 해안), 가나, 베닌의 열대 숲을 잇는 도로들이 이곳에서 교차하지. 모시족을 중심으로 보보족, 풀라니족 등으로 국민의 구성이 매우 복잡하단다. 유목민인 풀라니족이나 투아레그족, 그리고 북부나 서부의 초원지대에는 벨라족이 살고 있고. 남부와 동부에는 말링케족, 사모족, 고르만체족, 세누포족이 살고 있지.

이 나라의 중앙에는 지난날 모시 왕국의 영광을 뽐내는 건물도 있어. 모시 왕국의 황제는 모로 나바였는데, 그 당시의 오랜 사고방식이 오늘날까지도 이 땅에 사는 농민들에게 영향을 미치고 있는 것 같았어. 모시족 귀족층은 젊은 혁명장교들이 몰아내야 할 중요한 적이었지.

상황이 어땠는데요?

부르키나파소는 구종주국인 프랑스에 휘둘리다시피 하면서 정부가 너무나도 무력했지. 게다가 정치부패까지 심각해서 나라 형편이 말이 아니었어. 경제적으로나 사회적으로도 무척 혼란스러웠고. 정말이지 비참했지. 세계은행 통계를 보면 국민총생산은 170개국 가운데 124위, 일인당 국민소득은 164위였어. 남부의 일부를 제외하고는 국토의 대부분이 경작하기 어려울 정도로 말라버려서 소출을 내지 못했어. 경작 가능한 땅 중에서도 25퍼센트만이 실제로 경작되고 있었고, 곡물 수확량은 헥타르당 540킬로그램에 불과했지. 프랑스의 경우가 헥타르당 4,883킬로그램인 데 비하면 턱없이 낮다는 것을 알 수 있지. 1984년에 아동의 취학률은 20퍼센트에 불과했어. 마을은 7,000개가 넘는데 학교는 1,300개뿐이었지. 교사도 1만 8,000명이나 부족했어.

　　무역수지는 매년 적자를 보이고 있어. 예를 들어 이 나라 제2의 도시인 보보디울라소 동쪽 평원에서 생산되는 설탕은 수입 설탕보다 무려 18배나 비쌌지. 이웃 나라들이 그렇듯이, 부르키나파소도 부패한 관료들 밑에서 신음하고 있었어. 3만 8,000명의 관료가 국가 예산의 70퍼센트 이상을 자신들의 급여로 챙기고 있으니 더 말해 뭐하겠어. 그나마 매년 10월이면 바닥이 났어. 그래서 정부는 공무원 급여를 주기 위해 외국의 원조를 구걸해야 했지.

25
메말라가는 대지, 사헬

그곳도 기근이 심했나요?

그래. 도리라는 곳에서 확인했지. 도리는 부르키나파소
의 가장 북쪽에 위치하는 사헬 지방의 중심 도시로, 면적이 3
만 평방킬로미터쯤 된단다. 사헬 지방은 9개의 구역으로 나누
어져, 30만 명 정도의 주민이 거주하고 있어. 모두 유목민이나
반유목민들이지.

부르키나파소의 중심부에서 도리까지는 260킬로미터
로, 자동차로 6시간쯤 걸리지. 우리는 비포장도로를 달렸어.
버려진 천막촌과 함께 도로 양쪽으로 흑소들의 뼈대가 보였
지. 불에 탄 군용 트럭이 길을 가로막고 있기도 했고. 아마도
식량조달을 위한 트럭이었을 테지.

가끔은 아빠 일행을 태운 지프 앞을 피골이 상접한 사람
들이 가로질러가기도 했어. 가만 보니 흰개미를 먹기 위해 개

미집을 찾는 것 같았지. 흰개미는 굶어 죽어가는 사람들의 마지막 먹을거리였어.

풀라니족, 투아레그족, 벨라족 등 빛나는 고대문화를 이룩했던 유명한 민족들로 구성된 사헬 지방은 기아의 참상으로 얼룩져 있었어. 이곳 농민들은 보통 우기가 시작되는 6월에 씨를 뿌려. 그리고 두 번째 우기인 8월에 작물들이 잘 자라서 9월의 마지막 비로 여물게 된단다.

그런데 그해에는 6월만 해도 예년처럼 비가 내렸지만 8월에는 비가 한꺼번에 쏟아져서 엷은 부식토층에 심어진 어린 작물들이 모두 씻겨 내려갔어. 그리고 뒤이은 가뭄으로 대부분의 작물들이 말라죽어 수확량은 거의 바닥이었지.

1984년 사헬 지방의 평균 강수량은 200밀리미터였어. 최소한의 수확을 얻으려면 400밀리미터는 와주어야 하는데 말이야.

목동들 역시 똑같은 일을 당했어. 물웅덩이가 급속히 말라버렸고, 지하수위도 점점 내려갔어. 15미터 넘게 파내려가지 않으면 물도 발견할 수 없었지. 사헬 지방에는 흑소가 약 40만 마리나 사육되고 있었는데, 고롬-고롬, 툼북투, 가오 등의 가축시장에서는 흑소 가격이 곤두박질쳤어. 살아남은 투아레그족들은 와가두구의 프랑스계 호텔 입구에서 구걸을 하고 있었지.

국제적인 도움은요?

국제적인 도움의 손길은 찔끔찔끔 주어지는 정도였어.

왜요?

부르키나파소는 전략적으로 중요한 지역도 아니고 자원이 풍부한 나라도 아니니까. 이 나라는 아무것도 가진 게 없어. 그저 타는 듯한 하늘과 돌과 덤불과 낙타, 그리고 사람 외에는……. 무엇보다 상카라의 정치는 프랑스와 그 식민지였던 나라들의 마음에 들지 않았던 거야.

26
용기 있는 개혁자, 상카라

상카라가 추진한 정치개혁은 구체적으로 어떤 것이었나요?

그는 어떤 나라가 자급자족을 하기에 충분한 식량을 생산할 수 있어도 사회정의가 이룩되지 않으면 아무런 소용이 없다는 것을 깨달았어. 그래서 대통령에 취임하자마자 곧 근본적인 개혁에 나섰던 거야. 이미 말했지만, 당시 부르키나파소에서는 공무원 수가 3만 8,000명에 달했어. 턱없이 많은 인원이었지. 더구나 대개는 아무 일도 하지 않고 있었어. 그들은 종래의 지연, 혈연 등으로 똘똘 뭉쳐 있었지.

사실 1960년대 들어 형식적이나마 독립을 이룩한 아프리카 나라들의 사정은 대체로 이와 비슷했지. 행정조직은 거대하고 비효율적이었어. 이런 거대한 산을 어떻게 헐어버려야할까?

이것은 젊은 혁명가들에게 정말 힘겨운 과제였어. 적은

월급으로 15~20명을 먹여 살리는 공무원들이 적지 않았거든. 대안적인 일자리도 없었어. 민간부문이나 반관반민의 일자리를 합쳐도 3만 명 정도밖에 고용할 수 없었어. 상카라는 근본적인 해결의 길을 택했지. '자주관리정책'을 채택하여 국내의 30개 행정구를 자치제로 전환하고는 주민들 자신이 그 지역을 다스리게 했단다. 관리도 직접 뽑을 수 있게 했고. 그래서 도로건설이나 수도사업, 보건의료사업 등 자신들의 실제 생활에 필요한 공공 서비스를 실시해 나가도록 했지. 행정구역 설정은 대체로 각 종족들의 거주지와 일치하도록 고려했어.

그런 탈중앙집권화는 사람들에게 커다란 매력을 제공했다. 자주관리정책은 종족들의 의식 속에 깃든 엄청난 힘을 활성화시켰거든. 하지만 그런 정책에는 위험도 도사리고 있었어. 아프리카의 다른 나라들과 마찬가지로 부르키나파소에도 역시 종족간의 해묵은 갈등이 존재했거든. 상카라의 주민주도형 정책은 그러한 갈등을 다시금 부채질할 위험이 컸던 거란다.

그래서 상카라는 국가 차원의 대규모 프로젝트에 착수했지. 그 하나가 수도 와가두구에서 탐바오까지의 철도를 건설하는 사업이었어.

아프리카에서 철도건설 프로젝트는 대단히 상징적인 의미를 지니는 것이었어. 과거 식민지지배 시대의 너무도 비참한 착취의 기억을 떠올리게 만드는 사업이었거든. 블랙 아 프리카의 많은 나라들이 하나같이 뼈아픈 역사를 경험했지.

일찍이 아비잔(코트디부아르 최대의 경제도시)에서 니제르까지의 철도를 건설했을 때는 수천 명이 목숨을 잃었어. 다카르(세네갈의 수도)와 바마코(말리의 수도)를 잇는 공사에서도 많은 사람들이 죽었고. 마타디(콩고민주공화국의 주요도시)-킨샤사(콩고민주공화국의 수도) 노선, 그리고 포앙트누아르(콩고민주공화국의 해안도시)-브라자빌(콩고공화국의 수도) 노선 건설 때도 수많은 시체들이 쌓였단다*.

하지만 상카라가 추진한 철도건설사업은 이색적이었어. 금전적인 보수가 없는데도 주민들이 자발적으로 나섰지. 물병과 몇 줌의 쌀만 지닌 채 말이야. 종착점인 탐바오는 부르키나파소의 맨 북부에 있는 반사막 지역으로, 수도 와가두구에서 약 450킬로미터 떨어진 지점이야.

1987년 2월 25일, 아빠는 수천 명의 사람들이 작열하는 태양 아래 첫 구간 선로공사에 착수하는 모습을 토마스 상카라와 함께 지켜보았어. 그해 말에는 카야라는 약 30킬로미터 떨어진 지점까지 선로가 놓였지.

상카라가 실행한 또 하나의 개혁은 바로 인두세(납세능력에 의하지 않고 각 개인에게 일률적으로 부과하는 세금)를 폐지한 것이었어. 1983년까지 부르키나파소의 모든 국민은 매년 현지 관청에 몇 천 프랑을 인두세로 내야 했어. 일부 도시주민

외에 대부분의 가장들은 그런 세금을 납부할 능력이 없었지.

그러면 마을의 징세담당자는 소나 양, 비축해둔 곡식을 강제로 가져가거나, 때로는 미납분의 대가로 여성을 요구하기도 했지. 그렇게 돈이나 곡식으로 감당할 수 없는 농민들은 마을 우두머리의 토지에서 강제노동을 해야 했어.

인두세 폐지는 도시에서도 효력을 발휘했던 모양이야. 아빠의 친구인 테오도르 콘세이카라는 와가두구 우체국 직원은 이렇게 말했어. "나는 사포네 지방의 피시 마을 출신인데요, 인두세가 있던 시절에는 같은 마을에 친족들이 해마다 나한테 돈을 부탁했어요. 형제나 사촌, 심지어 먼 조카들까지요. 강제노동에 끌려가지 않으려면 나한테 손을 벌릴 수밖에 없었지요. 우리 집안에서 정해진 수입이 있는 사람은 나뿐이었으니까요. 하지만 요즘은 직무상의 수당이나 관사, 자동차도 제공되지 않고 급료까지 줄었는데도 나는 더 잘 살고 있어요. 인두세가 사라졌기 때문이지요."

상카라가 인두세 폐지에 이어 취한 조치는 개간 가능한 토지의 국유화였어. 그 전에는 마을의 운영책임자들이 마음대로 땅을 할당해주었지. 그러고는 그곳에 무엇을 경작해야 할지 명령하고 농사 일정을 결정하는가 하면, 파종과 추수 의식을 주관하고 돈이나 수확물, 혹은 강제노동이라는 형태로 대가를 징수했어.

그러나 토마스 상카라가 권력을 잡은 뒤로는 농업부에

서 토지대장을 작성했어. 토지는 각 가정의 수요에 따라 재분배되었지. 그래서 어떠한 강제적 징수도 없이, 농민들은 안심하고 농사에 전념할 수 있게 되었단다.

개혁의 성과는 어땠나요?

정말 놀라웠지! 4년도 지나지 않아 농업생산량이 크게 늘었어. 국가지출도 줄어들었고. 그래서 자금이 도로나 상수도 건설, 농업교육의 보급, 지역의 수공업촉진 사업 등에 우선적으로 투자되었지.

부르키나파소는 4년 만에 식량을 자급자족할 수 있었고, 다민족의 복잡한 사회구성은 한층 민주적이고 정의로워졌지.

* 콩고공화국과 콩고민주공화국은 이웃해 있으면서 나라 이름이 비슷해 혼동하기 쉽다. 한쪽은 프랑스의 식민지였고 다른쪽은 벨기에 식민지였다. 1958년 프랑스로부터 독립하여 브라자빌콩고 – 콩고인민공화국 – 콩고공화국이 되었으며, 1960년 벨기에로부터 독립하여 레오폴드빌콩고 – 킨샤사콩고 – 콩고민주공화국 – 자이르 – 콩고민주공화국이 되었다.

27
상카라의 최후

그럼 상카라는 아프리카 대륙의 귀감이 되었겠군요?

불행히도 그랬지!

불행이라뇨?

부르키나파소의 인구는 약 1,000만 명으로, 대부분 극도로 가난한 사람들이지. 그런데 상카라의 개혁으로 불공평함이 없어지면서, 인간다움과 자부심을 되찾으며 웅대한 희망에 불타올랐던 거야. 이 희망은 서아프리카는 물론 중부아프리카 지역에 이르기까지 빛을 발했어.

부르키나파소가 경험한 개혁의 희망은 정치부패에 시달리고 있던 이웃나라들에도 영향을 미쳤어. 코트디부아르의 우프에 부아니 대통령, 가봉의 봉고 대통령, 토고의 에야데마 대통령 등의 부패한 권력자들에게 큰 충격을 주었던 것이지.

이런 정권들은 하나같이 프랑스의 꼭두각시야. 프랑스 본국 정부의 일부 세력은 상카라의 개혁을 반기지 않았지. 예언자는 살해되어야 했어. 상카라는 결국 자신의 동지이자 참모였던 콤파오레에 의해 살해되었지. 콤파오레는 현재 부르키나파소의 대통령이란다.

상카라의 최후는 어땠나요?

토마스 상카라의 죽음은 살바도르 아옌데의 죽음과 비슷해. 외국세력의 조종을 받은 자국 군부에 의해 살해되었잖니.

상카라는 자신의 죽음을 예감했던 모양이야. 1987년 9월 어느 날 밤에 아빠는 에티오피아의 아디스아바바에서 상카라를 우연히 만났어. 상카라는 나라 일로 그곳에 가 있었고, 아빠는 아프리카의 여러 지역을 방문하던 중이었지. 아빠는 그의 숙소인 호텔에서 그와 마주앉아 20년 전 볼리비아의 산중에서 살해된 체 게바라(1928-1967. 쿠바의 혁명지도자. 1967년 볼리비아에서 게릴라 활동중 정부군에 의해 사살되었음)의 운명에 대해 이야기했어. 상카라는 "살해될 당시 그는 몇 살이었을까요?" 하고 물었고, 아빠는 "39세 8개월"이라고 대답했어. 그러자 생각에 잠겨 있던 상카라는 "나도 그 나이까지 살 수 있

을까요?"라고 하더구나. 만일 살아 있었더라면 상카라는 살해
된 해 12월에 38세 생일을 맞이했을 텐데 말이야.

상카라의 죽음과 함께 사람들의 커다란 희망도 깨졌지.
콤파오레 치하의 부르키나파소는 다시 보통의 아프리카로 돌
아가고 말았어. 만연한 부패, 외국에 대한 극단적인 의존, 북
부 지방의 만성적인 기아, 신식민주의적 수탈과 멸시, 방만한
국가 재정, 기생적인 관료들, 그리고 절망하는 농민들…….

28
진정한 활로를 찾아서

그러니까 결국 좌절과 절망만이 남은 것인가요?

그렇지. 비극은 끝없이 반복되고 있어.

제3세계에서 일어나고 있는 많은 자연재해, 기근, 종족 분쟁은 선진국의 정부나 국제원조 기구, 국제여론 등의 관심을 촉구하고 있어! 하지만 시간이 지나면서 희생자들은 점차 망각의 제물이 되고, 문제 자체의 존재마저 잊혀버리지. 그리고 깊은 고독 속에서 죽어가게 돼. 처음에는 강했던 국제적인 연대감도 시들해지고.

토지개량도, 사막화 대책도, 빈민가의 인프라 정비도, 농업지원도, 우물파기 프로젝트도 결국은 헛수고로 끝나버릴 응급조치에 불과하다는 것을 알고 있어. 기아문제를 근본적으로 해결하기 위해서는 각국이 자급자족 경제를 스스로의 힘으로 이룩하는 것 외에는 진정한 출구가 없다고 아빠는 생각해.

그럼 무슨 일을 해야 하나요?

　무엇보다도 인간을 인간으로서 대하지 못하게 된 살인
적인 사회구조를 근본적으로 뒤엎어야 해. 인간의 얼굴을 버
린 채 사회윤리를 벗어난 시장원리주의 경제(신자유주의), 폭
력적인 금융자본 등이 세계를 불평등하고 비참하게 만들고 있
어. 그래서 결국은 자신의 손으로 자신의 나라를 바로세우고,
자립적인 경제를 가꾸려는 노력이 우선적으로 필요한 거야.

에필로그

너희들의 도둑질을 계속 참는다면
우리는 언제까지고 배가 고플 것으로 생각했고,
손에 넣을 수 없는 새하얀 빵도 유리창을 부수면
손에 넣을 수 있을지 어떨지 확인해보고 싶어졌다.

— 베르톨트 브레히트

먹는다는 것

이 지구상의 모든 생명체가 무엇보다도 먼저 해야 할 일은 무
엇일까? 그것은 바로 먹는 것이다. 식물이든, 동물이든, 인간
이든, 이 세상에 살아 있는 모든 것의 최우선 과제는 먹을 것
을 섭취하는 일이다. 먹을 것이 없으면 피조물은 죽는다. 식물
은 물이 없으면 시들고, 먹이가 없는 동물은 기진해서 쓰러진
다. 식량을 구하지 못한 인간은 기력을 잃고 사경을 헤매게 된

다.

모든 생명체의 두 번째 과제는 번식하는 일이다. 번식하기 위해 식물은 성숙 단계를 거쳐야 하고, 동물은 번식 가능한 나이에 들어야 한다. 그래야만 자손을 남길 수 있다. 그리고 너무 빨리 병들거나 죽지 않고 번식 가능한 나이에 들기 위해서는 영양을 섭취해야 한다.

이 세상에 맨 처음 등장한 사람들은 먹고 살기 위해 자연 속에서 자생한 나무열매나 풀, 과일을 찾았고, 그것으로 배고픔을 달랠 수 있었다. 그들은 생존하기 위해 사냥을 하고 물고기를 잡았으며, 더 효율적으로 식량을 마련하기 위해 연장을 고안했다. 그리고 비옥하고 동물이 많은 땅을 찾아 계절에 따라 끊임없이 옮겨다녔다.

그러면서 땅을 일구고 씨를 뿌리고 작물을 재배하고 새로운 연장들을 개발하고, 가족들과 온 마을 사람들을 먹일 수 있는 경작하기 좋은 작물을 발견하려고 애썼다. 모든 생물체는 살기 위해 먹어야만 하므로, 먹을 것은 언제 어디서든 필요한 것이었다.

사람들은 젖과 고기를 얻을 수 있는 동물들을 길들이며, 오늘날 많은 유목민들이 그렇듯이 가축들과 함께 옮겨다녔다. 계절의 리듬에 맞춰 가축들을 푸른 목초지로 이끌고, 가뭄을 피하면서 자신들의 영양의 토대가 되는 가축들의 먹이를 찾아다녔다.

그리고 역사를 거치면서 먹고 살기 위해 동물처럼 자신들의 영토를 정했다. 동물들은 오줌으로 자기 구역을 표시하고 이빨과 발톱으로 자신의 생활공간을 지킨다. 그렇게 경계 지어진 공간은 동물들의 수집 및 사냥 구역이며 번식장소이다. 지구에 인구가 그리 많지 않던 시대에는 사람들도 그렇게 자신의 자리를 찾아 영역과 경계를 표시했으며, 그 구역에서 편안함을 느끼고, 다른 무리들, 즉 그 땅을 탐내는 이웃이나 신참내기들과 대항하여 자신들의 영역을 지켰다. 열매가 풍부하고 경작하기 좋고 기후가 온화하고 가축이 살기 좋은 땅일수록, 그리고 물이나 호수, 강, 비옥한 토양, 숲, 목초지, 해안, 언덕 등의 많은 장점을 가진 땅일수록 그 땅을 탐내는 사람들이 많았다. 그것을 확인하려면 세계지도만 보면 된다. 세계지도에서 볼 수 있는 땅들의 모자이크는 현재 지구 영토의 분할 상태를 보여준다.

경작의 첫 단계 동안 인류는 연장과 그릇, 옷과 다른 직물 및 장신구를 꾸준히 만들고 주거지를 개선했으며, 이후에는 수공업도 발달했다. 그리하여 생활필수품과 수공업 제품을 교환해야 했고, 물로, 땅으로 여행할 필요가 있었다. 처음에 물품은 그리 멀리 운송되지 않았다. 그러나 산업시대에 와서는 지구의 외진 곳에서 물품들이 생산되고, 그곳으로부터 각지로 운반되었다. 그러다 결국은 자신과 가족의 먹을거리를 확보하려는 인간의 필요에서 경제는 무제한으로 발전하게 되었다.

특정한 시간에 젖을 먹는 습관이 든 아기는 젖을 주지 않으면 배고파서 울어댄다. 아기는 몇 시간이고 목청껏 울어댄다. 다른 표현형식은 사용할 수 없기 때문이다. 그러나 기근에 방치되어 먹는 습관을 잃어버린 아기는 자신의 표현능력도 잃어버리고, 울음을 통해 자신의 욕구를 표현하는 것을 멈추고 그만 죽는다.

영양의 질은 생활수준, 그리고 건강상태와 떼려야 뗄 수 없는 관계에 있다. 영양이 부족한 쪽에는 비참한 가난과 질병과 때 이른 죽음이 있고, 다른 쪽에는 안정된 수입과 희망찬 생활, 건강과 장수가 기다린다.

아기는 엄마 뱃속에서 이미 이런 불평등의 운명을 짊어져야 한다. 영양은 지능 발달에도 영향을 미친다. 모든 배아 세포가 총체적으로 발달하여 어엿한 태아가 되어야 하는 임신 중에 엄마의 영양이 부족하면 아기가 건강하게 태어날 확률은 줄어든다. 자궁 속 아기에게 영양과 산소와 항체를 공급하는 태반이 영양부족으로 인해 손상되기 때문이다. 유기체는 배아가 생기면서부터 영양분을 필요로 한다.

또한 아기의 건강과 지능, 발달능력, 생명력은 이 세상에 태어난 그 순간부터 아기가 섭취하는 영양에 좌우된다. 그러나 아기는 특정한 조건 속에서 태어난다. 한쪽에는 특권으로 가득한 풍요로운 세계가, 다른 쪽에는 빈궁한 세계가 존재한다. 태곳적 식량 분배는 남자들의 힘에 좌우되었다. 임신한 여자와 아이는 절대적으로 남자에게 의존해 있었다. 그러나 역사가 흐르면서 영양 섭취는 점점 더 사회적, 정치적, 재정적 힘의 문제가 되었다.

세계를 지배하는 금융자본

'프랑스 혁명의 대천사'라 불린 혁명가 생쥐스트(1767-1794)는 1794년 테르미도르 9일 파리에서 처형되기 전날 밤에 마지막으로 재판관 앞에 나아가 "민중과 그 적들 사이에 공유할 수 있는 것은 아무것도 없다. 있는 것은 오직 칼뿐이다"라고 외쳤다.

　오늘날 우리 역시 바로 이런 상황에 있다. 지난 수십 년 사이에 지구인 대다수의 집단적 관심사가 극단적으로 대립되는 세계질서가 탄생했다.

　매년 1월 스위스 다보스에서는 세계경제포럼(이른바 '다보스 회의') 총회가 열린다. 재계 거물들의 발치에 선진국의 국가원수들과 총리들과 장관들이 앉는다. 1996년 1월 당시 독일 연방은행 총재 한스 티트마이어는 비판적인 어조로 "대부분의 정치가들은 그들이 얼마나 금융시장의 통제를 받고 있고, 또 얼마나 그것에 지배당하고 있는지를 여전히 의식하지 못하고 있다"고 고위관리들을 꾸짖었다.

이런 꾸지람에 국가원수나 총리들은 아무 소리도 하지
못했다.

4억의 생산자, 소비자들을 거느린 유럽연합은 인류 역
사상 최대의 경제력을 확보하고 있다. 15개국으로 구성된 유
럽연합 국가 중 12개국에서 사회민주주의—다른 정당과의 연
정이든, 독자적으로든—를 표방하는 당이 정권을 잡고 있다.
그러나 이 모든 정부의 수뇌부는 출신 정당의 이념적 전통에
도 불구하고 자본 논리를 통한 자유시장 경제법칙을 과신하고
있는 듯하다.

자본주의적 생산과정은 약 10년 전부터 일종의 패러다
임의 변화를 경험하고 있다. 1991년 8월 소련이 무너지기까
지 3분의 1 정도의 인류가 공산주의라는 이름으로 잘못 불렸
던 부패한 국가자본주의체제 아래 있었다. 냉전체제가 국제사
회를 지배했다. 다국적성과 독점성에 대한 충동은 처음부터
자본주의적 생산과정에 존재했다. 하지만 그 충동은 양극구도
(냉전체제)가 무너진 뒤에야 비로소 전성기를 맞을 수 있었다.
거기에 내재하는 논리에 따라 자본은 단기간에 지구를 정복했
다.

또 한 가지 패러다임 변화는 바로 글로벌화한 자본주의
내부에서 한 가지 자본, 즉 금융자본이 산업, 무역, 서비스 등
의 자본들을 제치고 주된 자본으로 부상한 것이다. 그리하여
금융자본의 이윤극대화 법칙은 오늘날 강력한 영향력을 행사

하고 있다.

금융자본이 왜 이렇게 우세한 것일까? 계속된 기술, 지식혁명은 이런 현상을 부분적으로 설명해준다. 기술의 분출은 정보사회를 이루어냈다. 거대하고 효율적인 컴퓨터 체계의 발명은 아주 복잡하고 세계적인 '경제제국'의 동시적 관리를 가능케 해준다. 몇 조개의 정보를 빛의 속도(초속 30만 킬로미터)로 중단 없이 순환시키는 통일적인 사이버스페이스가 탄생했다.

자본주의 생산과정에서 이런 패러다임 변화—사회적 양극구도의 몰락과 숨 막히는 기술혁신—는 금융자본의 거의 완전한 글로벌화로 이어졌다. 세계은행의 통계에 따르면, 1999년에 유통된 금융자본은 이 해에 전세계적으로 생산된 재화와 서비스의 가치보다 63배나 더 많았다.

글로벌화한 금융자본의 힘은 막강하다. 그 기동성을 꾸준히 강화하여 투자의 결정과정을 단축하는 한편, 이윤을 극대화하기 위한 새로운 금융수단 개발에 주력하고 있다. 금융자본은 결코 가치를 창조하지 않는다. 증시는 매일 24시간 돌아간다. 도쿄가 마감되면 뉴욕이 시작되고 뉴욕의 투자가들이 잠자리에 들면 프랑크푸르트, 런던, 취리히의 투자가들이 모니터 앞으로 몰려든다. 그러나 유능한 물리학자들이 조립한 모든 컴퓨터 모델에도 불구하고—컴퓨터는 리스크를 줄이는 데 봉사한다—증시는 완전히 비이성적으로 돌아간다. 증시를 돌아가게 하는 엔진은 이윤 극대화, 손실에 대한 공포, 파산 리스크에 따르는 신경전, 그리고 정신착란과 황홀경을 되풀이 하는 무제한의 이윤추구 등이다.

1919년에 막스 베버는 "부란 일하는 사람들이 산출한 가치가 이어진 것이다"라고 말했다. 하지만 이런 말은 오늘날 더 이상 통하지 않는다. 오늘날 부, 즉 경제력은 다혈질적인 투기꾼들이 벌이는 카지노 게임의 산물이다.

개인이 국가보다 부유한 시대

이런 투자가집단과 이들에게 부의 운용을 맡기는 세계 부의 과점자들은 과연 이 세상을 어떻게 만들고 있는가?

남반구와 북반구의 비참한 세계, 너무도 골이 깊은 불평 등한 세계. 오늘날의 세계의 주된 갈등은 더 이상 개발도상국 과 선진국 사이의 갈등이 아니다. 만성적인 실업난(유럽연합의 실업률은 12.5퍼센트)과 빈곤, 사회의 계층화, 영양실조가 지금 은 북반구도 위협하고 있다. 북반구와 남반구 사람들은 같은 적을 마주하고 있다. 민족을 초월하여 활동하는, 글로벌화한 금융자본의 과두지배가 바로 그것이다. 여기 몇몇 수치들이 있다.

세계 225명의 대재산가의 총자산은 1조 달러가 넘는다. 이것은 전세계 가난한 자들의 47퍼센트(25억 명)의 연간수입과 맞먹는 수치이다. 빌 게이츠의 자산은 가난한 미국인 1억 600만 명의 총자산과 맞먹는다.

오늘날 개인들은 국가보다 더 부유하다. 세계 15대 부호들의 총자산은 남아프리카를 제외한 사하라 이남의 모든 아프리카 나라들의 국내총생산(GDP)을 넘어선다.

미국 제너럴모터스 사의 매출이 덴마크의 GDP를 웃돌고, 역시 미국의 석유회사 엑슨모빌의 매출은 오스트리아의 GDP보다 웃돈다. 세계 100대 글로벌 기업들 각각의 매출은 가난한 나라 120개국의 수출총액보다 많다. 또한 상위 200대 기업이 세계무역수지의 23퍼센트를 차지하고 있다.

이런 숫자의 배후에는 고통과 절망으로 가득 찬 세계가 존재한다. 불평등이라는 부당한 역동성이 현재의 세계질서를 결정하고 있다. 한쪽에는 민족을 초월한 소수의 과두체제에 지배되는 정치적, 경제적, 이념적, 학문적, 군사적 힘의 집중이 있다. 그리고 다른 한쪽에는 미래가 불투명한 삶, 몇 억 인구의 절망과 기아가 있다.

금융과두제가 다수의 운명을 지배하는 가운데, 익명의 희생자들은 무기력하게 장기질환을 경험한다. 하지만 그 무엇도 이런 불평등을 정당화시키지 못한다. 그것은 오로지 사회 계급 구조와 차별 이데올로기, 그리고 폭력으로 지켜지는 특권에 기초한다.

기아문제를 해결하기 위하여

브레히트는 "분노하는 것은 고통이다"고 했다. 제네바의 은행 가들도 양심의 가책을 느끼고 싶어하지 않는다. 그리하여 그 들은 자신들의 행위를 정당화하기 위한 이데올로기를 필요로 한다. 이 이데올로기가 바로 신자유주의(시장원리주의)라는 것 이다. 이 이데올로기는 특히 위험하다. 중심에 자유라는 개념 이 있기 때문이다. 규범도 가라, 규제도 가라, 국민국가도 가 라, 장애만 될 뿐이다. 선거도 가라, 일치도 가라, 정권교체도 가라, 민족주체성도 가라. 자유! 자본을 위한 자유, 서비스를 위한 자유, 특허를 위한 자유만 남아라. 그것은 관료제나 모든 종류의 제한에 반대하는 것이다. 오직 '완전하게 리버럴한 시 장'을 추구하는 시장원리주의(신자유주의)일 따름이다.

그렇다면 과연 누가 정의를 논할 것인가? 이제 아무도 그럴 수 없다. 보이지 않는 손, 세계시장밖에는……. 신자유 주의 원리는 자본의 흐름이 완전히 자유로워지고 그 유동성이 완전하게 용인되면 이윤이 가장 많은 쪽으로 자본이 집중된다 는 것, 즉 자유로운 세계시장에 맡기면 진정으로 공평한 사회 가 실현된다는 것이다.

이런 시장원리주의의 주장은 그야말로 넌센스다. 게다 가 더욱 큰 문제는 그런 주장이 자세히 검토되지도 않은 채 세 계에 침투되고 있는 실정이다. 무엇이 인간에게 진정으로 필 요한 것인가, 무엇이 사회에 진정으로 필요한 것인가를 따지

지 않은 채, 그저 '경제 합리성'이라는 구호만이 난무하고 있
다.

　　금융전략가들은 천문학자가 천체 앞에 서 있는 것처럼
경제적 현상 앞에 서 있다. 천문학자는 자기장을 측정하여 별
들의 궤도를 계산하고, 학문적 활동을 객관화한다. 오늘날 금
융전략가는 천문학자를 빼닮았다. 그들은 자연법칙을 들먹인
다. 그들의 눈에는 현실을 변화시키고 역사를 창조하는 주체
로서의 인간은 존재하지 않는다.

　　신자유주의는 국가를 헐뜯고, 민족주체성을 헐뜯고, 선
거를 통해 확정된 제도, 그리고 영토적인 경계짓기와 인간이
만든 민주주의적 규범을 헐뜯으면서 계몽주의의 유산을 파괴
하고 있다.

　　이런 상황에서 우리는 기아에 의한 생명파괴에 어떻게
대처할 수 있을까?

1) 인도적 지원의 효율화

우선적인 과제는 인도적인 구호조처를 더욱 효율적으로 만드
는 것이다.

　　FAO는 당면한 긴급구호를 위해 비상식량을 비축하고
있다. 이 식량을 배급하고 관리하는 것은 WFP 담당이다. 그
러나 담당자들은 도움을 줄 나라의 사회구조가 어떤지 거의

묻지 않는다. 그리하여 이런 도움은 사회적, 정치적, 경제적 구조가 부실하고 부패한 나라로 들어가게 되는 경우가 많다. 이런 방식으로 기득권 세력을 강화하고, 부당한 사회구조를 고착시키고, 가난한 사람들을 비참함과 수백 년간에 걸친 약탈에 방치해두게 되는 것이다. 원조식량뿐만 아니라 국제단체가 제공하는 대부분의 개발지원금도 마찬가지다.

UNDP는 국제사회가 제공하는 다양한 개발지원금을 조정하기 위해 '유럽 원탁회의'를 제네바에 설치하고 있다. 하지만 지원의 사회적 효용성을 점검하지 않는다. 가령 1998년 11월 원탁회의 후 제3세계에서 가장 폭력적이고 부패한 정권 중 하나인 차드의 데비 정권은 다시금 1억 2,000만 달러 규모의 지원금을 받게 되었다. 데비 일당은 그 지원금으로 우선 남부의 반란세력을 진압하고는 스위스의 은행에 개인계좌를 개설했다.

2) 원조보다는 개혁이 먼저

혁명적인 행동은 인도적인 구호를 뛰어넘는다. 모든 혁명의 목표는 희생자를 능동적으로 행동하는 자로, 역사의식을 가진 주체로 변화시키는 것이다. 1960년대 초 북부 브라질에서는 프란시스코 율리아노 등이 중심이 되어 개혁을 추진한 일이 있었다. 그들이 설립한 공동판매조합은 노예제에 의한 대규모 농업을 벌이던 북부 브라질의 농지를 해방하고, 토지를 못 가진 카보클로스(인디오와 백인의 혼혈)들에게 나눠주었다. 하지만 1964년의 쿠데타로 그러한 개혁은 중단되었다. 많은 투쟁가들이 살해되고 수백만의 브라질 국민이 다시 영양실조 상태로 떨어졌다.

1979년 7월, 니카라과에서는 산디니스타로 불리는 민족해방전선이 수도 마나구아를 장악했다(산디니스타 혁명). 이해부터 18년간이나 내전이 계속되었다. '무덤의 지배자'라 불리며 독재정치를 일삼던 소모사 대통령은 미국으로 도주했고, 이듬해 1980년 파라과이에서 아르헨티나의 반정부 게릴라에 의해 살해되었다. 산디니스타 민족해방전선은 니카라과 인구 대다수가 시달리던 수백 년에 걸친 영양실조를 끝내기 위해, 라틴아메리카가 1917년부터 경험했던 급진적인 농업개혁을 단행했다.

농민들에게 토지를 분배하면서 열린 축제를 나는 잊지 못한다. 나는 에스텔리, 그라나다, 레옹 등지의 토지분배 기념행사에 참석했다. 니카라과 국기가 덮인 탁자 앞으로 누더기 차림의 굶주린 듯한 어느 농민이 아내와 많은 아이들을 데리고 머뭇거리며 걸어나왔다. 탁자 위에는 토지소유증서들이 놓여 있고, 그 옆에는 소모사 군대에게서 빼앗은 칼리슈니코프 소총이 나란히 걸려 있었다. 연초록색 제복을 입은 젊은 산디니스타 장교가 소유증서와 소총 한 정을 그 농민에게 내밀었다. 하늘에는 태양이 작열했고, 땅에는 인상적인 침묵이 흘렀다. 게릴라 대원은 뭐라고 말을 했다. 그 농민은 글을 읽을 줄 몰랐다. 그러나 손에 든 무기로 가족들의 생존이 걸린 땅을 지킬 것이었다.

그러나 자기 땅을 가진 수천 명의 농민과 협동농장에서 일하는 농민들은 미국의 레이건 대통령이 1982년에 개시한 자유 니카라과에 대한 공격전쟁의 희생자가 되었다.

혁명적인 행동은 제3세계의 많은 나라들에서 절실하게 필요한 일이다. 가령 인도는 오늘날 자급자족하기에 충분한 식량을 생산할 능력이 있다. 그런데도 인도에는 심각한 영양실조로 고생하는 아이들의 수가 7,000만 명으로, 사하라 이남 아프리카의 2.5배에 이른다. 브라질은 세계에서 가장 중요한 식량수출국에 속한다. 그런데도 대도시와 시골에서 아이들이 매일같이 굶주리고 있다. 지주의 1퍼센트가 경작지의 43퍼센트를 점유하고 있다. 2000년의 경우, 1억 5,300만 헥타르의 땅이 경작되지 않은 채 방치되고 있고, 500만의 농민들이 땅이 없이 가족과 함께 이 거대한 나라의 거리를 배회해야만 한다.

3) 인프라 정비

제3세계 나라들의 인프라를 정비하기 위해 시급한 지원이 필요하다. 그들에게는 자본, 도로, 적당한 종자, 비축식량, 농경전문지식 등 모든 것이 부족하다. 선진국의 헥타르당 곡물산

출량은 4,000킬로그램을 웃돈다. 그러나 제3세계에서는 대체로 선진국의 3의 1을 넘지 못한다. 새로운 종류의 씨앗, 제방, 물, 사막화의 진행을 막기 위한 삼림조성이 수많은 나라, 특히 아프리카 나라들에 가장 시급히 필요한 것들이다. 아프리카 남쪽에는 엄청난 땅들이 놀고 있다. 그 땅들은 투자가 없이는 경작되지 못할 것이다. FAO의 통계에 따르면 개발도상국에서 정상적으로 경작되는 땅은 7억 헥타르 정도인데, 작은 투자로도 경작 면적을 두 배 이상으로 늘릴 수 있다고 한다. 나무를 베거나 보호 구역에 손대지 않아도 말이다. 현재 북아프리카에서 사용하고 있는 농경 기술이 있다면 토지를 중대하게 손상(살충제를 많이 사용하거나, 다량의 비료를 사용하거나)하지 않고도 민감한 지역을 보호하고 환경 시스템의 재생력을 고려하면서 남쪽에서 경작지를 늘릴 수 있다.

이 모든 조처가 실행되기 위해서는 세계 여론이 동원되어야 하며, 현재의 경제 지배자들의 각성과 연대의식이 있어야 한다.

시장원리주의의 폐해

'세계 기아행동'이라는 프랑스 비정부단체는 "식량에 대한 접근이 지불능력에 달려 있기에 가난한 사람들의 대다수는 배불리 먹을 수 없다"고 선언한다. 돈이 있는 자는 먹을 것을 얻고,

없는 자는 굶주린다는 것이다.

이것은 그냥 방치되어서는 안 되는 정글 자본주의다. 세계경제는 식량 생산, 판매, 무역, 식량 소비로 이루어진다. 그러므로 기아에 관한 한 시장의 자율성을 맹신하는 것은 불합리하다 못해 죄악이다. 우리는 기아와 투쟁해야 한다. 기아 문제를 시장의 자유로운 게임에만 방치할 수는 없다.

이에 세계경제의 모든 메커니즘은 한 가지 명령에 복종해야 한다. 한 가지 대전제는 바로 기아는 극복되어야 하며 지구상의 모든 거주민은 충분한 식량을 확보해야 한다는 것이다. 이런 목표에 도달하기 위한 국제적 구조가 마련되어야 하고 규범과 협약이 마련되어야 한다.

장 자크 루소는 『사회계약론』에서 "약자와 강자 사이에서는 자유가 억압이며 법이 해방이다"라고 썼다. 시장의 완전한 자유는 억압과 착취와 죽음을 의미한다. 법칙은 사회정의를 보장한다. 세계시장은 규범을 필요로 한다. 그리고 이것은 민중의 집단적인 의지를 통해 마련되어야 한다.

경제의 유일한 견인차는 이윤지상주의라는 입장, 신의 보이지 않는 손에 맡겨두면 유토피아가 도래할 것이라는 허구에 대항하여 싸우는 것이 이 시대의 급박한 과제다.

시카고의 곡물거래소는 문을 닫아야 하며, 협의 등을 거쳐 제3세계에 대한 식량 공급로가 확보되어야 하고, 서구 정치가들을 눈멀게 만드는 어리석은 신자유주의 이데올로기는 폐지되어야 한다.

인간은 다른 사람이 처한 고통에 함께 아파할 수 있는 유일한 생물이다.

진정한 인간성의 회복

하지만 과연 동료인간의 고통을 공감하고 급진적인 연대를 이룰 수 있다는 희망은 현실적일까? 그것이 가까운 미래에 현실이 될 수 있을까?

역사는 그런 질적인 도약을 알고 있다. 국가의 성립도 그에 대한 한 예다. 먼 과거에 인간들은 가족, 씨족, 그리고 한 마을 사람들끼리만 연대감을 느끼고 동일시 하였다. 연대감은 신체적으로 가까이 있는 친한 사람들에게만 제한되었다. 그러다가 국가가 성립되면서 인간은 처음으로 알지 못하는, 평생 알 일이 없을 다른 사람들과 연대하는 법을 배웠다. 그리고 민족 정체성, 공동체 의식, 공공시설, 그리고 모두에게 구속력을 발휘하는 법이 탄생하였다.

오늘날 모두가 인간다운 삶을 살고 인간적인 지구를 만들기 위해 이제 한 걸음만 더 앞으로 나가면 된다. 이를 위해 맬서스적인 선입견이 없어져야 한다. 이 책은 그것에 기여하고자 쓰였다.

동일성은 다른 사람과의 진짜의, 혹은 상상의 만남, 단

결행위 등 한마디로 공유된 의식으로부터 생겨난다.

"잘못된 것 안에 올바른 삶은 없다"고 했던 아도르노 (1903~1969, 독일의 철학자)의 말마따나 고통으로 가득 찬 세계에 행복의 영토는 없다. 우리는 인류의 6분의 1을 파멸로 몰아넣는 세계 질서에는 동의할 수 없다. 이 지구에서 속히 배고픔이 사라지지 않으면 누가 인간성, 인정을 말할 수 있겠는가! 오늘날 인류로부터 배제되고 남모르게 파멸해가고 있는 이런 "고통스런 분파"(파블로 네루다)는 다시 인류 속으로 편입되어야 한다.

소수가 누리는 자유와 복지의 대가로 다수가 절망하고 배고픈 세계는 존속할 희망과 의미가 없는 폭력적이고 불합리한 세계이다.

모든 사람들이 자유와 정의를 누리고 배고픔을 달랠 수 있기 전에는 지상에 진정한 평화와 자유는 존재하지 않을 것이다. 서로서로 책임져 주지 않는 한 인간의 미래는 없을 것이다.

희망은 어디에 있는가?

정의에 대한 인간의 불굴의 의지 속에 존재한다.

파블로 네루다는 그것을 이렇게 표현하였다.

"그들은 모든 꽃들을 꺾어버릴 수는 있지만
결코 봄을 지배할 수는 없을 것이다."

후기

테러리즘과 기아

아무도 2001년 9월 11일 뉴욕에서 일어난 끔찍한 민간인 대량 살상을 정당화시킬 수 없을 것이다. 이 테러의 배후인물들은 – 그들이 누구이건 간에 – 체포되어 재판정에 서야 하고 처벌을 받아야 한다.

　　그러나 어떤 죄악이 매우 끔찍하다 할지라도 우리는 또한 그 뿌리를, 그것을 가능케 했던 맥락들을 이해하고자 노력해야 한다. 물불 가리지 못할 정도의 격한 미움, 종교적 광신 – 이슬람교든, 기독교든, 유대교든 –, 복수에 목마른 살인적인 근본주의는 언제나 사회적 불평등, 경제적 · 정신적 곤궁, 정치적 절망과 실존에 대한 불안으로부터 꽃피게 되는 법이다.

　　이 책의 초판은 2000년 봄에 출판되었다.
　　그 이후 지배적인 세계 질서는 더 불합리해지고 더 전도

되었다. 2001년 9월 17일 독일 〈슈피겔지〉에는 "글로벌화는 매일의 테러다"라는 글이 실렸다. FAO 통계에 따르면 2000년 8억 5,000만 명 이상이 만성적이고 심각한 영양실조에 시달리고 있다(1999년에는 8억 2,800만 명 "만"이 영양실조였다). 열 살 미만의 아이가 7초마다 1명씩 기아로 인해 목숨을 잃고 있으며 6분에 1명씩 비타민A의 부족 혹은 썩은 물과 접촉함으로써 시력을 잃고 있다.

부자들의 부가 하늘을 향해 치솟아 오르는 이 작은 행성에서 이 모든 일이 일어나고 있다. 지난 해 상품, 자본, 서비스 특허의 세계 무역량은 12.5퍼센트 증가했지만, 경제력의 소수 집중 현상은 더욱 심해졌으며, 다수의 소외와 심각한 사회적 불평등도 더욱 악화되었다. 세계 무역의 규모는 지난 해 6조 달러를 넘어섰다. 그중 3분의 1이 각각 다국적기업들 내부에서 이루어진 무역이었다.

세계 무역의 또 다른 3분의 1은 다국적기업 상호간에 행해졌다. 그리고 3분의 1, 그러니까 2조 달러 정도만이 전통적인 무역 거래에 해당되었다.

세계의 지배자들은 점점 높아가는 황금산 위에 앉아 있다. 그들의 발치에는 굶어죽은 자들과 전염병과 전쟁, 경제적인 궁핍으로 죽은 자들의 무덤이 놓여 있다. 국제 연합의 경제 사회 이사회에 따르면(2001년 보고) 2000년 5,200만 명이 경제적·사회적 저개발(영양, 음료, 의학적 기본 치료 등등의 부족)

로 인한 직접적인 결과로 죽음을 맞이했다.

아이들 무덤

이 책을 출판한 직후 유엔 인권위원회는 나를 식량권을 담당
하는 특파원으로 지명했다. 2001년 9월 나의 미션은 사하라
사막 남쪽 가장 자리에 위치한 니제르 공화국이었다. 니제르
는 시에라리온 다음으로 세계에서 두 번째로 가난한 나라다.
찬란한 고대문화 – 하우사, 드예르마, 송가이, 투아레그, 풀라
니족 – 를 꽃피웠던 나라……

　　120만 평방킬로미터에 1,120만 명의 인구. 경작 가능
한 땅은 니제르 강 유역과 몇몇 오아시스 등 전국토의 3퍼센
트뿐이다. 심각한 만성적 영양실조, 부족한 물, 전염병은 정기
적으로 찾아오는 세 재앙의 기사들이다. 네 번째 재앙의 기사
는 바로 전쟁. 얼마 전에야 비로소 잠재적인 휴전이 성립되었
다. 반란을 일으킨 북쪽의 투아레그 유목민들과 강가의 국민
정부 사이에는 임시적으로 정전이 지배하고 있다.

　　2000년 가을 추수 후 니제르에는 사헬 지대의 주식인
조가 16만 톤이나 부족했다. 풀라니족 출신의 하마 아마도우
에너지 장관은 일본, 미국, 유럽에서 부족한 식량을 구걸하는
데 성공했다. 니아메이와 이웃한 대서양의 항구들 – 로메, 바
이드얀, 코토노우 – 을 연결하는 1,200킬로미터가 넘는 울퉁

불퉁한 도로를 통해 구원의 식량자루들이 들어왔다. 그러나 2월과 3월에 아버지들은 새로운 무덤을 파야 했다. 가장 약자인 아이들이 기아에 희생양이 되었던 것이다.

숙명은 없다

니제르의 기후적인 생산조건은 좋지 않다. 농부들의 운명은 매년 6월 초에서 9월 말에 이르는 짧은 기간에 결정된다. 6월 초에 '약간의 비'가 내려줘야 한다. 그 비로 돌처럼 딱딱했던 땅이 부드러워지면 농부 가족들은 민감한 연두색 조 씨를 뿌린다. 그리고 8월 말이 되면 곡식들이 잘 자라도록 다시 비가 내려주어야 한다. 9월 말이 되면 농부들은 다시 홀린 듯 하늘을 바라본다. 곡식이 여물려면 다시 비가 내려야 하기 때문이다.

생산 기간 중 이렇게 고대하던 세 번의 비가 한 번도 오지 않거나 또는 한 번이나 두 번만 내리는 경우도 있다. 그러면 씨를 뿌리지 못할 수도 있고 이미 뿌린 씨가 말라죽을 수도 있다. 또 비가 억수같이 퍼부으면 작물은 씻겨 내려가고 땅은 황폐화된다. 억수같이 퍼붓는 비가 붉은 땅을 파헤쳐서 마을도 위험에 처하는 경우가 많다.

세 번의 비가 적당하고 규칙적으로 오는 해는 드물다. 그렇다면 니제르의 농부들이 할 수 있는 일은 무엇일까? 인류

공동체는 이런 기후에 대비하여 무엇을 할 수 있을까? 전래적인 방법으로는 아무것도 할 수 없다. 하지만 사막 밑에는 거대한 호수가 있다. 사하라가 꽃이 만발한 정원이었던 시대로부터 유래하는 담수 지하수 바다다. 이 지하수를 현대적인 펌프 공법으로 퍼올려 농업 관개용수로 공급하면 좋을 것이다. 이웃한 리비아가 그 일이 별로 복잡하지 않다는 것을 보여준다. 리비아의 가다피 정부는 석유로 벌어들인 돈으로 '거대한 강'에 시설을 했다. 네 개의 거대한 관이 1,000킬로미터 이상 떨어진 리비아의 중앙 사막으로부터 시르테만 주변의 농지로 물을 끌어오고 있다.

배고픔의 숙명이란 존재하지 않는다. 세계에서 두 번째로 가난한 나라라도 말이다. 부족한 것은 연대감이며, 국제 공동체로부터 도움을 받고자 하는 진짜 의지이다.

강 건너편의 샤리아

이슬람 근본주의는 출구 없는 절망과 사회적 곤경의 늪에서 융성한다. 니제르 인구의 95퍼센트가 아프리카 전통종교들과 혼합된, 관용적인 이슬람교 신봉자들이다.

그러나 강 건너편, 즉 나이지리아 연방 북부에는 과격주의자들, 이슬람 근본주의가 휩쓸고 있다. 소코토, 카치아, 카노에서는 샤리아(이슬람 율법)가 최상의 법이다. 이곳에서는 손발이 절단되고, 여자들이 돌에 맞고, 소녀들이 학교에서 추방되고, 믿지 않는 자들에 대한 성전이 설교된다. 수백 년 전부터 북부 지방에 거주하고 있는 수천 명의 소수 기독교인들은 지난 2년간 자신들의 집에서 화형을 당하고, 시장에서 학살당하고, 강에서 익사당하고 있다.

남쪽 유역의 라디오 방송국들을 통해 이런 격한 소식들이 확산되고 있다. 검은 구레나룻에 지폐로 가득한 가방을 든 와하브파(수니파 중에서 원시 이슬람으로 돌아갈 것을 주장하는 이슬람 종파) 설교자들이 개인 비행기를 타고 니아메이나 아그데즈의 공항에 내리거나, 반짝반짝 빛나는 토요타 밴을 타고 카노에서 건너온다. 하우사, 드예르마, 송가이 같은 관용적이고 신사적인 이슬람 전통 사회에 이슬람 근본주의가 급속도로 확산되고 있다.

니아메이의 병원에 가보면 두 개 층을 12~14세의 소녀들이 쓰고 있다. 소녀들은 샤리아에 따라 초경 후 한 남자에게 주어졌고, 이제 아이를 낳고 병원에 누워 있는 것이다. 대학에서는 여대생들이 더 이상 머리 수건을 벗고 다니지 못한다. 니제르의 남쪽은 원래 샤리아의 제약을 처음으로 풀었던 지역인데 말이다.

2001년 니아메이에서는 정교분리를 주장하는 새로운 정권이 '여성의 권리를 신장하는 가족법'의 제정을 약속하며 정권을 쥐었다. 하지만 9월에 그 공약은 무산되었다.

온화한 황금빛 저녁 해가 예전의 프랑스 식민 정부 건물이었던 현 정부 청사의 하얀 커튼을 비출 무렵, 나는 니제르의 수상에게 개혁에서 물러선 이유가 무엇인지 물었다. 그랬더니 그는 "샤이흐들(이슬람 사회의 지도층 인사들)과 와하브파 설교자들이 거부권을 행사했어요. 그들은 돈을 가지고 있고……. 이곳 사람들은 굶주리고 있어요"라고 했다.

폭탄 한 번, 빵 한 번

테러와의 투쟁은 기아와의 투쟁이다. 조지 W. 부시 미국 대통령도 이것을 알고 있다. 지난 10월 7일 아프가니스탄에 대한 미군의 폭격이 시작되었다.

폭격기는 밤마다, (10월 18일부터는) 낮에도 페르시아만의 항공모함과 터키의 미군 기지를 출발한다. 식량을 운송하는 C-17 군용수송기 역시 시간마다 독일의 램스타인 공군기지를 떠난다.

'스노드롭' 작전은 쉽지 않다. 폭격 중간 중간, 불타는 도시와 마을의 5,000미터 상공에서 C-17기가 물품을 떨어뜨린다. 중간 정도 크기의 노란 색으로 포장된 식량자루들로, 눈송이처럼 천천히 회전하면서 땅에 사뿐히 내려앉게끔 고안되었다. 팩에는 두 끼 분의 식량과 초콜릿, 땅콩버터가 들어 있고, 포장에는 스페인어, 프랑스어, 영어로 된 설명서가 붙어 있다.

국제구호단체들은 이런 "폭탄 한 번에 빵 한 번" 정책을 격렬하게 비판하고 있다. 사실 공중에서 식량을 살포하는 것은 국제적십자나 그 밖의 구호단체들이 아프리카, 아시아의 접근하기 어려운 구호 지역에서 사용하는 효율적인 방법이다. 그러나 식량 살포 조건은 땅에 지뢰가 매설되어 있지 않은 지역이라야 하고, 구호단체가 권한을 위임한 분배 위원회에 의해 살포되어야 한다는 것이다.

구호단체가 미국을 비난하는 이유는 아프가니스탄의 식량 살포가 이 모든 기준을 지키고 있지 않기 때문이다. 아프가니스탄에서는 현재 무기를 가진 자가 식량도 갖는 현상이 벌어지고 있다. 따라서 부시 대통령은 무엇보다 탈레반들을 먹여 살리고 있는 것이다.

아프가니스탄은 앙골라와 더불어 세계에서 지뢰가 가장 많이 묻혀 있는 땅이다. 식량 팩들이 들판 여기저기 무차별적으로 떨어지면, 굶주린 여자들과 아이들이 그쪽으로 달려가다가 지뢰를 밟아 몸이 찢기곤 한다.

폭격하는 군대가 인도적인 도움까지 자청하는 것은 위험한 일이다. 지금도 제3세계에서 활동하고 있는 국제조직의 직원들이 출신 국가의 스파이로 의심받는 일이 허다하다. 전적으로 부당하게 말이다. 그러나 중요한 것은 현지 주민들의 느낌이다. 물론 모두가 미국의 폭탄과 식량의 동시 투하 정책의 배후에 어떤 논리가 있는지를 안다. 테러리스트들을 뿌리 뽑는 동시에 아랍 지역의 미 동맹국들, 특히 사우디아라비아와 파키스탄을 배려하고 있는 것이다.

그러나 인도적인 도움은 절대적인 중립, 보편성, 독립성을 요구한다. 그것은 어디까지나 고통 받는 인간의 필요를 겨냥한 것이어야지, 결코 한 국가의 필요에 따른 것이어서는 안된다.

글로벌화는 매일의 테러

소리 없이 매일 많은 사람을 죽이는 기아에 대한 범세계적 투쟁이 어려운 것은 또한 세계은행, 세계무역기구, 국제통화기금의 무차별적인 신자유주의 정책 때문이다.

흑인들의 예를 들어보자. 많은 부채를 안은 나라의 유일한 수출 품목은 가축들이다. 흑인 농부들과 유목민들은 수백만 마리의 낙타, 소, 양, 염소들을 가지고 있다. 미네랄을 함유한 토양 덕분에 서아프리카의 가축들은 높은 평가를 받고 있다.

하지만 신자유주의적 독트린에 충실하게, 국제통화기금은 '국립 수의사국'을 민영화할 것을 요구했다. 그리고 그 결과는? 이제 거의 아무도 레바논 상인들이나 다국적 제약회사가 파는 혈청, 비타민, 구충제 등의 높은 의약품 가격을 지불할 수 없다. 그리하여 가축을 기르는 농가들이 몰락하고 있다.

　　워싱턴의 자본가들은 정부의 의지에 반해서 또 하나의 민영화를 이루어냈다. 바로 "니제르 식량생산사무국"(Office National des Produits Vivriers du Niger : ONPVN)의 민영화가 그것이다. 기존에 이 기관에 속한 화물차들은 1만 곳이 넘는 마을과 유목민 캠프에 씨앗을 배급했고 기근 때는 비상식량도 가져다주었다. 그러나 이제 화물차들은 민간 사업가의 소유다. 화물차 운전사들은 길이 나쁜 비포장도로나 안전하지 않은 길을 달리지 않으려 하며, 결과적으로 많은 마을들이 도움에서 소외되고 있다.

저항전선

오늘날 두 개의 발전모델이 대립하고 있다. 하나는 '워싱턴 합의'이고 다른 하나는 경제적, 사회적, 문화적 인권이다.

　　'워싱턴 합의'는 1970~1990년에 월스트리트의 은행가들과 미 재무부 및 국제 금융조직 사이에 맺어진 비공식적 신사협정이다. 이 합의는 세계 어느 곳에서나 어느 시대에나 적용될 수 있는 네 가지 원칙을 내용으로 한다.

　　바로 민영화, 규제철폐, 거시 경제 안정, 예산 감축이 그것이다. '합의'는 자본시장의 완전한 자유화를 방해하는 모든 규범적, 국가적, 혹은 비국가적 장애물들을 제거하고자 한다. 세계은행, 국제통화기금, 세계무역기구에 이 네 가지 원칙은 알파이자 오메가이며, 모든 경제 행위의 법칙이자 예언자이다. 이 네 가지 원칙은 머니터리즘의 독트린이다.

자율적으로 통제되고, 전능한 시장에 대한 신봉과 제임스 울펀슨(세계은행 총재)의 '국가를 초월한 글로벌 거버넌스'는 경제적, 사회적, 문화적 인권사상에 위배된다. 지구상의 모든 문명생활의 토대가 되는 1948년 12월 10일의 인권선언은 시급히 보완되어야 한다. 문맹자들에게 언론의 자유는 있으나마나 한 것이다. 베르톨트 브레히트는 일찍이 "선거용지가 고픈 배를 불리는 것은 아니다"라고 했다. 식량권은 소송을 제기할 수 있는 인권으로서, (망명자의 피보호권처럼) 새로운 국제 법규로서 시급히 도입되어야 한다.

유엔의 특별 기구들, 개발프로그램, 기금, 위원회, 금융기관들은 매일 매일 아프리카, 아시아, 라틴아메리카를 비롯한 5대륙에서 자기모순을 안고 활동하고 있다. 세계보건기구는 전염병과 싸우고, 유엔식량농업기구와 세계식량계획과 유니세프는 굶어 죽어가는 사람들의 생명을 되살리고자 노력하고 있다. 유엔개발기구는 저개발 국가의 경제적, 사회적 발전을 위해 노력하고 있다.

그러나 동시에 세계은행과 국제통화기금, 세계무역기구는 극단적인 자유주의와 국가 및 공동체에 적대적인 민영화와 규제 철폐 정책으로 제3세계 나라들의 가뜩이나 약한 구조를 황폐화시키고 있다. 뉴욕에 있는 유엔 본부는 이런 모순을 제거하기에는 너무 우유부단하고 유약하다.

그러므로 희망은 새롭게 탄생할 전지구적인 민간단체에 있다. 사회운동, 비정부조직, (다국적 자본과 그 과두제에 저항하는) 노조들의 세계적인 연대만이 '워싱턴 합의'와 인권 사이의 대립에 종지부를 찍을 수 있다. 기아와의 투쟁은 이런 대립을 끝낼 수 있는가에 그 성패가 달려 있다.

2001년 11월 제네바에서 **장 지글러**

신자유주의를 말한다

주경복(건국대 교수)

이 책에서는 지금도 지구상에는 굶주리는 사람이 줄어들기는커녕 오히려 늘어나고 있다고 했다. 그러면서 그 이유로 전쟁, 정치권력의 부패, 환경파괴로 인한 자연재해, 살인적이고 불합리한 세계경제 질서 등을 꼽았다. 남반구에서는 기아 희생자들의 피라미드가 쌓이고 있는 반면에, 북반구에서는 다국적 금융자본과 그 과두제가 부를 쌓아가고 있는 것이다. 지은이는 이런 끔찍한 기아에 대한 범세계적 투쟁이 어려운 것은 세계은행, 세계무역기구, 국제통화기금 등의 무차별적인 신자유주의 정책 때문이라고 지적한다. 그럼 신자유주의란 과연 무엇인가? 때마침 주경복 교수께서 이 물음에 대한 간략하고도 명쾌한 글을 〈오마이뉴스〉에 실었다. 세계질서와 작금의 기아상황을 이해하는 데 필요하다고 판단되어 여기에 옮겨싣는다. 전재를 허락해주신 주경복 교수께 감사드린다. ― 편집자

* * *

1995년에 세계무역기구(WTO)가 공식 출범하는 가운데, 한국에서도 김영삼 정부가 '세계화'를 선언하며 신보수주

의 개혁 정책을 추진하면서 신자유주의 논쟁이 본격화하였다. 교육계에서도 1995년 5월 31일 교육개혁안이 발표된 뒤로 그런 논쟁이 분출하였다. 정부가 '시장', '경쟁', '구조조정', '수요자 중심' 등의 개념을 들어 펼치는 개혁 논리 속에 신자유주의 요소들이 깊이 스며 있었기 때문이다. 정책입안자들은 미국을 비롯한 선진국의 좋은 모형들을 도입하는 것뿐이지 신자유주의를 염두에 둔 것은 아니라고 주장했으나, 원래 미국이나 영국의 정책들 속에는 이미 신자유주의 논리가 많이 스며 있었기 때문에, 의도와 상관없이 신자유주의를 둘러싼 갈등이 일어날 수밖에 없었다.

그 뒤로 사회 각 분야에서 끝없는 토론과 논쟁이 이어진 탓에, 이제는 신자유주의라는 개념이 하나의 상식이 되어버렸다. 그래서 많은 사람들이 별다른 주저 없이 '신자유주의'라는 용어를 사용하고 있고, 나 역시 그런 사람 가운데 하나다.

그런데 이따금 신자유주의에 관한 토론을 하는 과정에서 그 용어법이나 개념의 엇갈린 해석과 오해를 접하면서 난감해지는 때가 있었다. 나 스스로는 큰 오류 없이 이해하며 사용하고 있다고 믿지만 혹시 잘못된 점이 있지 않을까 하는 염려도 생겼다. 세계화나 신자유주의에 관한 독서도 꽤 하고 내 나름의 관점을 정리해 오기는 했지만 너무 안일하거나 타성에 젖어서 나도 모르는 사이에 경직된 관념을 지니게 된 것은 아닌지 반추하게 되었다. 그래서 내친 김에 내가 이해하고 있는 신자유주의라는 말을 한번 정리하여 객관화하면서 주위의 검증도 받아볼 필요가 있겠다고 생각하였다. 또한, 신자유주의 개념에 아직 익숙하지 않거나 관점의 차이 때문에 다소의 오해가 생길 수 있는 사람들과도 공유할 것은 공유하고 서로 확인하여 보완할 것은 보완하며 합리적인 소통을 이루는 것이 좋겠다는 생각을 하였다.

* * *

이 글에서는 너무 이론적인 문제나 세부적인 이야기를 깊이 하기에는 여러 가지 한계가 있으므로 상식적인 선에서 정리해 보고자 한다. 총체적으로 볼 때, 신자유주의는 매우 복잡한 흐름 속에서 진화하였기 때문에 간단하게 설명하기가 쉽지 않지만, 편의상 어느 정도의 무리를 감수하면서라도 큰 줄기만 잡아 단순화시켜 서술해 본다.

원래 '자유' 라는 말은 그 정확한 시원을 추적하기 힘들 만큼 오래된 것이다. 그만큼 자유라는 개념은 인류의 삶에 일찍부터 깊이 녹아든 것이다.

그러나 이데올로기로서 '자유주의' 라고 할 때는 보편적 자유를 애호하거나 추구하는 것이라기보다는 하나의 특수한 의미의 개념을 갖게 되었다. 오늘날 많은 사람들의 상식 속에

자리잡은 '자유주의'는 대개 애덤 스미스의 고전적 자본주의와 연관해서 이해되고 있다. 정부의 통제를 최대한 줄이고 '보이지 않는 손'에 의해 경제활동이 이루어지는 질서를 염두에 둔 개념이다. 말하자면, 자본 활동의 자유를 강조하는 것이어서 일반 대중이나 모든 개인의 보편적인 자유와는 꽤 거리가 있는 것이었다. 제러미 벤담이나 존 스튜어트 밀 같은 다소 진보적인 자유주의자들이 부를 골고루 분배하고 약자의 권리를 보호하는 등 자유의 공공적 관리를 통한 '최대 다수의 최대 행복'을 주창함으로써 대중의 자유까지 보호하며 포괄하려는 공공적 자유주의도 나타났으나, 역시 고전적 자유주의 흐름에서는 스미스 식의 방임적 자유주의가 대세를 이루었다. 인류 역사에서 언제나 영주, 왕, 국가 등의 지배와 관리 속에서 구속받으며 활동하던 인간들에게 '간섭 없는' 자유라는 개념은 매우 획기적인 것이었다. 특히, 가진 것이 많은 사람들에게는 거추장스러운 책무 없이 마음껏 부를 축적하며 자유를 누릴 수 있게 해준다는 것이 더없이 반가운 이야기였다.

산업혁명 이후 경제활동이 매우 활발해진 자본주의 사회에서 이런 방임적 '자유주의' 논리는 처음에 상당한 호응을 얻었다. 자유주의는 시대를 가로지르는 지배담론이자 하나의 도그마로 기능하였다. 그러나 방임적 자유의 폐해가 드러나기 시작하면서 그런 자유주의는 도전을 받기 시작하였다. 자유를 빙자한 자본의 횡포와 독점이 발생하고 빈부격차가 커짐에 따라 서민의 구매력이 감소하여 경기가 침체하는 등 많은 부작용이 빚어진 것이다. 결국 보이지 않는 손의 존재와 역할에 회의를 느끼며 방임적 자유보다 정부의 적극적 관리와 개입 필요성이 대두되었다. 그런 흐름에서 자유주의는 여러 가지 형태로 수정되는 길을 걸었다.

　　1912년에 미국 대통령 후보로 나선 윌슨은 무분별한 '부당' 경쟁을 통해 경제의 독점 현상이 나타나고 부작용이 만연하는 것을 억제하여 새로운 방식의 자유를 보장하기 위하여 '새로운 자유(New Freedom)' 정책을 제시하며 당선되었다. 1930년대 세계 경제공황을 극복하기 위해 루스벨트 대통령이 추진한 '뉴딜 정책'도 '새로운 자유' 정책의 흐름으로 꼽힌다. 이때 이야기되는 '새로운 자유 정책(New Freedom Policy)'을 가끔 '신자유주의'라고 부르기도 하는데, 오늘날 세계화 담론과 결부된 신자유주의(Neo-liberalism)와는 사뭇 다른 것이다. 앞에서 말하는 '새로운 자유' 정책은 정부가 나서서 경제문제를 챙기는 것이고, 뒤에서 말하는 '신자유주의'는 정부는 가급적 나서지 말고 민간 자본들이 알아서 하도록 하라는 것이다. 그래서 전자를 후자와 구별하기 위해 '새로운 자유주의(New Liberalism)'라 부르고 후자를 요즘 부르는 용어 그대로 '신자유주의(Neo-liberalism)'라고 부르면 좋을 듯하다.

　　1920년대 무렵 독일의 발터 오이켄을 비롯한 프라이부르크학파에서는 경제질서의 완전한 자유를 이루려면 경쟁질서가 공정해야 하는데 자유를 방임해서는 그것을 실현할 수 없으므로 생산, 소비, 직업선택 등에 대해서는 자유경쟁을 가급적 보장하되 시장형태 등을 포함한 사회질서의 관리는 국가가 책임져야 한다는 '질서자유주의(Ordo Liberalismus)'를 제시한 바 있는데, 이것도 고전적 자유주의에 대한 수정이라는 점에서 신자유주의 흐름의 하나로 이야기하는 경우가 있다. 그러나 이것 역시 요즘 논란이 되고 있는 신자유주의와는 구별된다. 그냥 넓은 의미의 '새로운 자유주의'의 흐름 가운데 하나로 생각하면 좋을 것이다.

현실 정치에서나 경제이론가들 사이에서나 스미스가 제시한 자유주의 경제 모형의 문제점을 해결하기 위한 이론들이 여러 각도로 모색되는 가운데 대표적 대안 이론으로 부상한 것이 바로 케인스의 수정주의 이론이다. 자본가의 자유뿐만 아니라 노동자의 자유와 권리도 국가가 나서서 관리하고, 빈부격차가 커지는 것을 막기 위해 복지정책을 도입하고, 경기가 침체되면 공공투자를 늘려 유효수요를 증대시키는 등 자유의 공공성을 지향하였다. 국가가 개입하여 자본의 방임적 자유를 통제하는 '개량'의 흐름이 다시 주류를 이루게 된 것이다. 이런 흐름도 고전적 자유주의를 수정한 것이므로 편의상 '신자유주의'라고 부를 수도 있겠으나 대개 '케인스주의', '수정자본주의' 또는 '개량(자본)주의'라고는 불러도 '신자유주의'라고 부르는 경우는 별로 없었다.

오히려 '신자유주의(Neo-liberalism)'라는 명칭은 케인
스의 수정주의에 대한 비판논리로 등장한 흐름에 붙여지기 시
작했다. 말하자면 정부가 자본의 흐름에 개입하며 경제활동을
간섭하는 것이 경제적 '효율'을 떨어트린다는 부정적 시각에
서 다시 제약 없는 자유를 주장하는 이론이 생겨났는데, 그 내
용이 고전적 자유주의와 꼭같은 것은 아니고 더구나 케인즈주
의와는 더욱 같지 않기 때문에 이론가들 스스로나 주위에서
'신자유주의'라는 말을 쓰기 시작한 것이다. 이런 흐름은 J. 바
이너, H. D. 사이몬스, F. A. 하이에크, F. H. 나이트, M. 프리
드먼, G. J. 스티글러 등 이른바 시카고학파의 경제이론가들이
주도하였는데, 그 중에서도 하이에크나 프리드먼 같은 학자들
의 역할이 매우 컸다. 이들은 생산·가격·고용 등 경제 수준
을 결정하는 요인으로서 통화의 중요성을 강조하면서 물가조
절, 자원배분 등을 비롯한 대개의 경제 운영은 시장기능을 통
해 수행되는 것이 가장 바람직하다고 보았다. 그래서 정부의
개입보다는 민간의 자유로운 경제활동을 중시하였다. 이런 이
론과 주장 또는 그 논리가 바로 현재 우리가 말하는 '신자유주
의' 담론의 뿌리인 것이다.

이런 시카고학파의 신자유주의 논리들이 1950년대부
터 경제학의 이론으로서 전문가들의 주목을 받았지만, 세간의
관심과 호응을 일으키며 현실 정책에 그대로 반영되지는 않았
다. 세계 국가들의 정책에 반영되기 시작한 것은 1970년대부

터이고, 보다 더 적극적으로 확산된 것은 1980년대부터이다.
70년대 초반에 미국의 닉슨 대통령이 경제정책에 신자유주의
요소를 도입하여 '닉소노믹스(Nixonomics)'를 낳았지만 시도
의 차원에 머물렀고, 그나마 닉슨이 워터게이트 사건에 휘말
려 중도 사임하는 등으로 일관된 시행은 이루어지지 않았다.
그 뒤 1979년 영국에서 집권한 대처 수상이 매우 강력한 신자
유주의 정책을 도입하여 '대처리즘'을 탄생시키고, 1980년 선
거에서 대통령에 당선한 레이건도 신자유주의 정책을 적극 도
입하여 '레이거노믹스'를 탄생시키면서 드디어 신자유주의가
'스타'처럼 국제사회의 인기 있는 담론과 정책으로 떠올랐다.
각종 규제를 풀어 자본의 이동을 자유롭게 해주고 자본가의
판단에 따라 쉽게 구조조정을 가하며 자유롭게 기업활동을 할
수 있게 하여 경기를 크게 활성화시켰다는 평가를 받았으며
그것은 곧 신자유주의가 매우 유효하다는 심증으로 이어졌다.
　　그렇게 신자유주의가 각광을 받게 된 배경에는 1970년
대에 세계 국가들이 겪은 석유파동, 스태그플레이션, 실업난
등 경제의 전반적 악조건이 작용하였다. 무엇이든 새로운 돌
파구를 찾아야 한다는 위기감이 작용했던 것이다. 그런 상황
에서 경제 위기의 원인을 케인스주의 경제정책 탓으로 돌리면
서 그 대안으로서 신자유주의를 제창하여 급부상한 것이다.
한편으로는 위기상황에서 유효한 역할을 못하는 정부에 대한
불신이 커진 데다가 각종 규제들 때문에 경제가 활성화되지

않는다는 불만이 커졌다. 그래서 규제를 최대한 풀며 정부의 역할을 가급적 축소시키고 시장기능을 극대화해야 한다는 주장이 설득력을 얻게 된 것이다. '규제 완화', '세금 축소', '공기업 민영화', '노동시장 유연화', '복지정책 축소' 등 신자유주의 조치들은 자본가들의 환영과 지지를 받았다.

이렇게 세상의 주목과 사랑을 받으며 유행처럼 확산된 신자유주의는 그 주창자와 순수한 이론가들마저 놀랄 만큼 자가발전을 거듭하여 지금은 일종의 신화를 낳고 있다. 놀라운 마력을 지닌 어떤 주문처럼 그것을 외치고 표현하면 무엇이든 해결점이 나올 것 같은 환상을 자아내는 경향도 보인다. 그렇게 범람하는 흐름에는 시대적 상승 요인이 맞물린 또 다른 배경이 있다. 바로 '세계화'의 물결이 합세한 것이다.

인간은 태어나면서부터 자기 성취의 욕망이 있고, 인류는 태초부터 집단팽창의 욕망을 지녀왔다. 그래서 고대로부터 국가들은 제국주의 야망을 불태웠고, 현대에 와서도 강대국들은 끊임없이 국제적 헤게모니를 확대하고 싶어한다. 경제통상 분야에서는 자국의 이익추구에 유리한 무역의 확대라는 형태로 나타나는데 20세기 들어서 탄생한 GATT는 바로 그런 배경을 갖는다고 볼 수 있다. 하지만, GATT는 여러 가지 한계들 때문에 강대국들이 기대하는 만큼의 개방수준을 달성하기 힘들었다. 그런 교훈을 바탕으로 GATT 체제를 대폭 보완하여 탄생한 것이 바로 WTO이다. WTO는 세계의 모든 국가들을 일정한 절차로 개방해 나가는 프로그램을 진행하고 있다. IMF, IBRD, OECD, ASEM, APEC, FTA 등도 WTO와 함께 세계화 기제를 구성하고 있다. 이런 일련의 움직임을 전후하여 '세계화'라는 용어와 개념이 대중적으로 확산되었다.

이런 세계화의 흐름에 이론적 무기로 작용하는 것이 바로 신자유주의이다. 국가의 관리로 존재하는 모든 국경들을 허물고 전 세계를 하나의 시장으로 통합하여 오직 시장기능만이 모든 경제활동과 삶을 밑받침하게 한다는 논리가 성립하게 된 것이다.

이런 세계적 신자유주의를 배경에서 지원하고 움직이며 가장 많이 혜택을 누리는 것은 초국적 자본이다. 각 국가에서 무한에 가까운 자유를 지향할 뿐만 아니라 온 세상을 하나의 시장으로 삼아 언제 어디서든 돈벌이를 쉽게 할 수 있도록 되어가는 것이다.

* * *

한국은 1990년대 중반부터 신자유주의와 세계화 세례를 받으면서 이런 흐름에 동참하여 무척 빠른 속도로 적응해 나갔다. 신자유주의 세계화의 주도 국가인 미국이나 영국보다 분위기에서는 더 신자유주의적이고 더 세계화를 추구하고 있다는 평가도 나온다. 김영삼 정부가 다분히 의식적으로 신자유주의 정책을 추진한 뒤로, 김대중 정부가 IMF정국 타개를 위해 자의반 타의반으로 그 흐름을 이어받았고, 노무현 정부도 처음에는 적지 않은 망설임을 보였으나 점차 신자유주의 요소가 짙은 정책으로 흘러왔다.

이 세상에 절대선과 절대악은 별로 없다. 대부분 장점과 단점을 함께 지니고 있는데 그 가운데 어느 쪽이 더 본질을 규정하느냐에 따라 긍정되거나 부정된다. 신자유주의도 마찬가지다.

신자유주의가 지니는 장점으로 꼽을 수 있는 것이 많이 있겠지만 그 가운데 세 가지만 꼽아 보면 다음과 같다.

첫째, 자본 활동의 제약을 최소화하여 자유롭게 시장 원리에 따라 이윤을 추구함으로써 투여한 자본을 통해 거둘 수 있는 성과를 극대화할 수 있다. 부의 창출에 유리하다는 것이다.

둘째, 시장의 적자생존 원리에 따라 모든 경제주체가 긴장하며 최선을 다해 목표를 이루려고 노력함으로써 기능적 '효율성'을 높일 수 있다는 점이다. 말하자면 한 눈 팔지 않고 자신이 지닌 능력을 최대한 발휘하게 하여 능률을 높인다는 것이다.

셋째, '욕망하는 존재'로서 인간의 성취욕을 자극하여 일의 성과를 높일 수 있다는 것이다. 달리 말하자면, 인간적 본능이나 이기심을 자극하여 더 많이 이루고자 하는 에너지를 생성시킨다는 것이다.

　그러나 그 이면에는 단점도 매우 많다. 세 가지 정도만 꼽아보자면 다음과 같다.

　첫째, '자유'의 전제가 잘못되어 그 개념과 현실을 왜곡한다는 것이다. 모든 간섭을 없애고 자유를 줄 테니 알아서 마음껏 하라고 하지만 처음부터 가진 사람과 없는 사람의 할 수 있는 조건이 다른데 알아서 하라는 것은 불합리한 것이다. 예를 들어, 한 쪽은 무장을 단단히 하고 나서는데 다른 쪽은 맨손으로 알아서 싸우라거나 헤비급 선수와 라이트급 선수를 구분 없이 섞어 놓고 알아서 싸우라고 한다면 그것은 자유가 아니라 괴롭힘이자 억압이 되어버린다(공정거래위원회 같은 기능을 통해 경쟁의 공정성을 관리한다고 하지만 그때의 관리는 경쟁 활동의 공정성을 관리하는 것이지 경쟁의 전제조건을 관리하지는 않는다). 그런 뜻에서 신자유주의가 말하는 자유는 개인과 국가의 편차나 특수한 조건을 무시하며 인권, 생존권, 주권 등을 초월하려는 개념이어서 진정한 의미의 인간적 또는 사회적 자유가 아니라는 개념적 비판을 받게 된다.

　둘째, 지나친 경쟁주의로 치달으며 약육강식의 냉혹한 질서가 자리잡아서 다수의 약자들이 소외되어버린다는 점이다. 모든 것을 시장으로 내몰며 자유롭게 벌어먹으라고 하므로 경쟁이 치열해질 수밖에 없는데 경쟁의 조건이 처음부터 불공평하니 문제가 생길 수밖에 없다. 다시 말해, 빈익빈 부익

부 현상을 낳으며 양극화의 심화를 초래하는 것이다. 신자유주의 또는 세계화를 20:80의 질서라고 표현하는 이유가 거기에 있다. 20%의 혜택 받는 사람들을 위해 80%의 사람들을 소외시키고 희생시킨다는 이야기다. 결국, 신자유주의는 자본가들의 자유를 위한 이데올로기가 되어버리는 것이다.

셋째, 자본의 욕망이 끝없이 확대되어 불필요한 영역들까지 시장으로 편입시킴으로써 인간의 모든 삶에서 물질만능주의를 부추긴다는 점이다. 시장논리가 만병통치약처럼 통하다보니 문화, 교육, 예술 등 고유한 가치를 지니는 영역들도 시장이라는 관점에서 접근하며 정책으로 옮기기 때문에 삶의 체계를 건조하게 만들며 인류문화를 황폐화시킨다.

이러한 이유들 때문에 신자유주의는 가진 사람들에게 환영을 받는 한편 없는 사람에게는 거부감을 갖게 한다. 그런데 현실적으로는 내막을 제대로 알지 못하여 가진 것이 별로 없는 서민이나 그들 편에서 애쓰는 진보적 활동가들 중에서도 화려한 자본의 담론에 이끌려 신자유주의가 추구하는 '시장'과 '경쟁'의 논리를 새로운 희망처럼 추종하는 경향도 있다.

신자유주의는 그 개념과 논리상 자본의 자유와 기득권을 지키거나 확대하고자 하는 보수주의 이데올로기여서 사회적 자유와 평등한 세상을 추구하는 진보주의자들에게는 비판의 대상이 될 수밖에 없는데, 정부 정책이나 기업운영 등이 신자유주의를 채택하는 일이 원체 많아서 그것을 비판하는 일도 많아지고 일상화하다보니 때로는 '비판을 위한 비판' 또는 '개혁을 반대하기 위한 비판'으로 오해 받는 경우가 생긴다. 원래 불평등과 소외의 모순이 존재하는 현실을 변혁하려는 목표가 강한 것은 진보주의 쪽인데 자본의 기득권을 강화하는 잘못된 개혁 방향을 비판하다보니 얼핏 보기에는 보수주의가 오히려 더 개혁적으로 느껴지고 진보주의가 더 수구적으로 느껴지는 아이러니가 생긴다. 결국 정책을 주도하는 주체가 어떤 흐름에 서서 개혁을 추진하느냐에 따라 양상이 달라진다. 요즘 보-혁 전도의 아이러니가 자주 나타나는 것은 정부의 정책들이 대개 진보성을 상실하고 있기 때문이라는 이야기도 된다. 말하자면 서민을 위한 정책이 제대로 추진되지 않고 오히려 가진 사람들의 눈치를 보는 정책이 더 많이 표출되고 있다는 비판에 직면하는 것이다. (방송법 재정)

여기서 한 가지 더 사족을 달자면, 대안 없이 신자유주의를 비판하기만 하는 것은 결국 경쟁을 피하며 보신주의에 빠지거나 변화를 거부하는 것이라는 비난을 받기 쉽다는 점이다. 이에 대해서는 진보적 활동가들이 깊이 고민하며 노력해야 할 것이다. 대부분의 신자유주의 비판은 '자유'라는 이름으로 부조리하게 조장되는 경쟁의 모순을 뛰어넘어 창조적 공동체를 만들어 나가자는 더 본질적인 목표가 있다. 그러나 그 목표가 구체적인 담론과 기획물로서 제시되지 못하기 때문에 비판의 충정이 설득력을 발휘하지 못한다. 가끔은 일단 다가오는 변화에 대한 거부감을 '비판'이라는 형식으로 표출하는 경우도 없지 않으며, 또한 그런 경우가 아니고 진정한 비판일지라도 이제는 모순을 파헤치거나 혁파하는 것에 그치지 않고 더 나아가 진보적 대안을 제시하며 새로운 변혁을 이루는 일에 많은 노력을 기울여야 할 때다.

옮긴이의 말

　얼마 전부터 월드비전을 통해 아프리카의 한 여자아이를 후원하면서 나도 그게 의아했다. 왜 한쪽에서는 음식이 남아돌아 음식 쓰레기를 처치하느라 곤란을 겪는데 다른 쪽에서는 식량 부족으로 고통당할까? 한쪽에서 남는 음식을 다른 쪽에 퍼다주면 될 텐데…….

　지은이의 지적대로 학교에서는 이 세상에 배고픔이 존재하는 이유에 대해 배운 적이 없었고 평소 정치나 시사 문제에 특별히 관심이 많지 않던 나는 그냥 '후원자들이 더 많아지고 도움을 주는 사람들이 더 많아지면 상황이 개선되겠지'라고 '낭만적으로' 생각했다.

　간혹 언론을 통해 피골이 상접한 아프리카 아이들의 모습을 접할 때면 가슴이 아리기는 했지만 지구상에 굶어죽는 사람이 있다는 걸 그냥 당연한 일처럼 여겼다.

　그러나 이 책을 통해 접한 세계 기아의 실태는 생각 보다 훨씬 충격적이었다. 기근으로 인해 10세 미만의 아동이 5초에 한 명 꼴로 굶어죽는 등 한 해 수천 만 명이 기근에 희생되고 있으며 기근으로 인해 한 해 700만 명이 시력을 잃고 있다니……. 전에 에이즈와 관련된 책을 번역하면서 그 실태에 자못 놀란 적이 있었다. 하지만 에이즈를 창궐케 하는 요인과 예방법 등은 우리 모두 이미 인식을 공유하고 있던 것들이었다.

그러나 기아에 대해서는 그렇지 않았다. 나는 이 책을 읽으며 내가 기아를 유발하는 배경 상황에 대해 무지했고 깊게 생각해 보지 않았다는 것을 깨달았다.

이 책은 기아의 실태와 그 배후의 원인들을 대화 형식으로 알기 쉽게 조목조목 설명하고 있다. 전쟁과 정치적 무질서로 인해 구호 조치가 무색해지는 현실, 구호조직의 활동과 딜레마, 부자들의 쓰레기로 연명하는 사람들, 소는 배불리 먹고 사람은 굶는 현실, 사막화와 삼림파괴의 영향, 도시화와 식민지 정책의 영향. 특히 불평등을 가중시키는 금융과두지배에 대해……. 이 책을 통해 인간의 생사를 가르는 상황들이 얼마나 정치, 경제 질서와 깊은 연관을 맺고 있는가를 실감할 수 있었다.

옮긴이의 말을 쓰던 도중 저녁을 먹으면서 이제 막 중학교에 들어갈 아들 녀석에게 이 세상에 왜 이렇게 배고픈 사람들이 많은 것 같으냐고 물었다. 그랬더니 녀석은 사막 같은 곳에 사는 사람들은 기후조건이 나빠 식량을 조금밖에 생산할 수 없으니까 굶어죽는 사람이 생기는 것 같다고 대답했다.

2004년 월드비전이 "인류가 당면한 가장 심각한 문제라고 생각되는 것은?"이라는 질문으로 설문조사를 실시하였다. 그 결과 가장 많은 사람이 환경 파괴(38.4%)를 꼽았다. 이어 전쟁(37.1%), 에이즈(11%), 기근(9.2%), 신종 바이러스(4.3%) 순으로 지목되었다. 이 설문조사는 우리의 관심도를 잘 보여주는 듯하다. 환경 파괴에 대해서는 학교와 언론을 통해 자주 접하고, 전쟁도 연일 떠들썩하게 보도되지만 기근에 대한 관심은 그만 못한 것이 사실이다. 물론 무엇이 더 중요한 문제인지는 각자 견해가 다를 것이다. 그러나 2005년 유엔회의는 환경 보호나 에이즈나 전쟁을 제치고 기아문제를 해결하는 것을 밀레니엄 목표로 삼았다고 한다.

이 책을 읽고 그저 낭만적인 도움 가지고는 기아가 해결되지 않겠구나 하는 생각에 좀 무력한 기분도 들었다. 그러나 이 책의 지은이는 다른 사람의 아픔을 내 아픔으로 느낄 줄 아는 유일한 생명체인 인간의 의식 변화에 희망이 있다고 했다. 이 책이 우리 사회에서 기아에 대한 의식과 공동의 관심을 새롭게 하는 작은 출발점이 되면 좋겠다.

옮긴이 유영미

연세대학교 독문과와 동대학원을 졸업하고 전문 번역가로 활동하고 있다. 『진화 오디세이』 『히말라야를 넘는 아이들』 『코코 샤넬』 『우연의 법칙』 『죽음의 춤』 등을 우리말로 옮겼다.

왜 세계의 절반은 굶주리는가?

유엔 식량특별조사관이 아들에게 들려주는 기아의 진실

1판 1쇄 발행 2007년 3월 7일
1판 20쇄 발행 2009년 8월 7일

장 지글러 지음 | 유영미 옮김
펴낸이 김경수 | 펴낸곳 갈라파고스
등록 2002년 10월 29일 제13-7935호
주소 121-838 서울시 마포구 서교동 357-1 서교오피스텔 415호
전화 02-3142-3797 | 전송 02-3142-2408
전자우편 galapagos@chol.com
기획 임병삼 | 편집 디자인 가필드 | 교정 문중업

ISBN 978-89-90809-17-9(03300)
잘못된 책은 바꿔드립니다.

갈라파고스 자연과 인간의 공존을 희망하며, 함께 읽으면 좋은 책들을 만듭니다.

· <u>2015년</u> 새개인거   기3   16% 퇴시계우.
     └ 된인거 2000만